MEYERS
FORUM

Fikret Adanir
Geschichte der Republik Türkei

PROF. DR. FIKRET ADANIR, geboren 1941 in Foça/Türkei; 1977 Promotion an der Universität Frankfurt am Main; wissenschaftlicher Mitarbeiter an der Universität Gießen (1979–84) und der Freien Universität Berlin (1984–86); seit 1986 Professor für südosteuropäische Geschichte (mit besonderer Berücksichtigung der osmanisch-türkischen Geschichte) an der Ruhr-Universität Bochum.

Veröffentlichungen u. a.: Die Makedonische Frage. Ihre Entstehung und Entwicklung bis 1908 (1979). – Beiträge in Fachzeitschriften und Sammelbänden zu Themen der spätmittelalterlichen und neuzeitlichen Geschichte der Balkanländer und der Türkei.

MEYERS
FORUM

Fikret Adanir

Geschichte der Republik Türkei

B.I.-Taschenbuchverlag
Mannheim · Leipzig · Wien · Zürich

MEYERS FORUM 32

Die Deutsche Bibliothek - CIP-Einheitsaufnahme
Adanir, Fikret: Geschichte der Republik Türkei /
Fikret Adanir. - Mannheim; Leipzig; Wien; Zürich:
BI-Taschenbuchverl., 1995
(Meyers Forum; 32)
ISBN 3-411-10461-9
NE: GT

Satz: pagina media gmbh, Hemsbach
Druck: Druckhaus Langenscheidt KG, Berlin
Bindearbeit: Schöneberger Buchbinderei, Berlin
Printed in Germany
ISBN 3-411-10461-9

Inhaltsverzeichnis

Vorwort 7

I. Kapitel:
Vom osmanischen Vielvölkerstaat zum Nationalstaat Türkei, 1908–1928 9

1. Nationale Problematik in der spätosmanischen Geschichte, 1876–1918 9
2. Kampf um territoriale Einheit und nationale Unabhängigkeit, 1918–22 21
3. Gründung der Republik, 1923 30
4. Abschaffung des Kalifats, 1924 33
5. Kemalistische Reformen, 1924/28 36

II. Kapitel:
Das kemalistische Entwicklungsmodell, 1929–1939 39

1. Wirtschaftspolitische Kontinuität 39
2. Weltwirtschaftskrise als Agrarkrise 41
3. Etatistische Krisenbewältigung 42
4. Nationale Mobilisierung im Zeichen des Kemalismus 44
5. Übergang zur Planwirtschaft 47
6. Die Außenpolitik der kemalistischen Republik 51
   – Die Beziehungen zur Sowjetunion 52
   – Das Verhältnis zu Großbritannien 52
   – Das griechisch-türkische Verhältnis 53
   – Die deutsch-türkischen Beziehungen 55
   – Das französisch-türkische Verhältnis 56

III. Kapitel:
Zweiter Weltkrieg, 1939–1945 61

1. Die Westbindung am Vorabend des Zweiten Weltkrieges 62
2. Die bewaffnete Neutralität, Juni 1941 bis Januar 1943 70
3. Außenpolitische Isolierung gegen Ende des Krieges 72

IV. Kapitel:
Übergang zum Mehrparteiensystem, 1945–1960 77
1. Die Ära Menderes, 1950–60 81
2. Die erste Krise der jungen Demokratie 84

V. Kapitel:
Militärs und Demokratie, die 60er und 70er Jahre 88
1. Die Militärjunta von 1960, die wirtschaftliche Neuorientierung und die demokratische Öffnung nach links 88
2. Von der Militärintervention zur Zypernkrise, 1971–74 95
3. die Wende zur ›Nationalistischen Front‹ und die Krise des politischen Systems, 1975–80 99

VI. Kapitel:
Die Militärintervention von 1980 und die Folgen 106
1. Politische Restrukturierung 106
2. Exportorientierte Wirtschaftspolitik 109
3. Allgemeine Menschenrechte und Rechte von Minderheiten: das Kurdenproblem 112
4. Die Türkei am Ende des 20. Jahrhunderts: eine regionale Ordnungsmacht? 116

Zeittafel 124

Literaturauswahl 127

Vorwort

Das Osmanische Reich erlebte die schwerste Krise seiner 600jährigen Geschichte im 19. Jahrhundert, als es zugleich durch nationale Emanzipationsbestrebungen im Innern und imperialistische Expansionsbestrebungen von außen herausgefordert wurde. Die politische Herrschaft war daher auf das Ziel fixiert, dem unaufhaltsam scheinenden Auflösungsprozeß mit allen Mitteln Einhalt zu gebieten. Modernisierende Reformen nach europäischem Vorbild bezweckten ebenso die Zentralisierung von Verwaltungsstrukturen wie die Erhöhung der militärischen Schlagkraft. Dennoch gelang es letztlich nicht, den Fortbestand des Reiches zu sichern – das Osmanische Reich sollte die Umwälzungen des Ersten Weltkrieges nicht überleben.

Das gängige Bild vom osmanischen ›Verfall‹ ist jedoch insofern zu relativieren, als es sich hauptsächlich auf machtpolitische Aspekte bezieht. Dies war schon Carl Ritter von Sax bewußt, als er in seiner *Geschichte des Machtverfalls der Türkei* (1908) schrieb: ›(W)enn auch die neutürkischen Zustände im Vergleich zu den europäischen noch vielfach barbarisch erscheinen, wird doch durch einen geschichtlichen Rückblick der verhältnismäßig sehr große Fortschritt des türkischen Staates während seines Machtverfalls unwiderleglich dargetan‹. Auch die neuere Forschung ist um ein differenzierendes Urteil bemüht. So stellt man schon im 19. Jahrhundert besonders in wirtschaftlich-gesellschaftlichen Bereichen Entwicklungen fest, die nicht nur die Trägerschichten der Nationalbewegungen christlicher Völker hervorbrachten, sondern zugleich ermöglichten, daß es zu einer Säkularisierung des politischen Bewußtseins auch unter muslimischen Bevölkerungsgruppen – Albanern, Arabern, Kurden, Türken – kam.

Die Jungtürkenbewegung zu Beginn des 20. Jahrhunderts konnte bereits auf ein modernes ›staatsnationales‹ Konzept zurückgreifen, dessen Tragfähigkeit gerade nach der Niederlage von 1918 unter Beweis gestellt wurde. Daher erscheint die Entstehung der Republik Türkei unter Führung des ›Jungtürken‹ Mustafa Kemal (Atatürk) auch als Sieg der spätosmanischen Reformer. Und die kemalistische Kulturreform der Zwischenkriegszeit, die einen einzigartigen Versuch darstellt, die islamisch geprägte Gesellschaft der Türkei zu ›verwestlichen‹, gewinnt erst im Bewußtsein dieser historischen Kontinuität ihre wahre Bedeutung.

In der Zeit des Kalten Krieges bewährte sich die türkische Republik als verläßlicher Partner des Westens: Sie war sowohl Riegel gegenüber dem kommunistischen Ostblock als auch Brücke zum islamischen Orient. Im Verlauf der letzten zwei Jahrzehnte jedoch – und besonders nach dem Zusammenbruch in Osteuropa – hat sich das Türkeibild des Westens gewandelt. Einerseits ist es die ›Re-Islamisierung‹ des politischen Lebens, in welcher eine ernste Bedrohung des Reformwerks von Atatürk gesehen wird, andererseits scheinen gerade die neokemalistischen Eliten – nicht zuletzt mit ihrem unitarischen Staatskonzept – darauf aus zu sein, die Erhaltung der Menschenrechte ebenso wie die Verwirklichung einer echten Demokratie in der Türkei zu erschweren.

Die folgende Darstellung geht auf Lehrveranstaltungen an der Ruhr-Universität Bochum zurück. Die freundliche Aufforderung des Verlags gab den Anstoß, die vorhandenen Texte zu einem historischen Überblick zu überarbeiten. Im Vordergrund stehen Entwicklungen im innenpolitischen Bereich, wobei vor allem die Problemfelder wie Säkularisierung, Etatismus, wirtschaftliche Restrukturierung, Radikalisierung des politischen Lebens, Militärinterventionen und Rückkehr zur Demokratie eingegangen wird. Auf einen wissenschaftlichen Apparat wurde aus Platzgründen, aber auch aus Gründen der besseren Lesbarkeit verzichtet. Der Autor hofft, daß es insgesamt gelunden ist, die Geschichte der Republik Türkei in ihren Grundzügen zu erfassen.

Bochum, im Juni 1995 Fikret Adamir

I. Kapitel: Vom Osmanischen Vielvölkerreich zum Nationalstaat Türkei, 1908–1928

1. Nationale Problematik in der spätosmanischen Geschichte, 1876-1918

Im Herbst 1918 war der Erste Weltkrieg auch im Nahen Osten in seiner Endphase angelangt. Die britische Armee in Palästina, die am 19. September 1918 eine großangelegte Offensive startete, konnte die anfänglich zähe Verteidigung rasch überwinden. Anfang Oktober erreichten die Vorhut der Briten und eine Abteilung der aufständischen Araber des haschemitischen Prinzen Feisal die nordsyrische Stadt Aleppo. Die Regierung des Sultans sah sich gezwungen, um Waffenstillstand zu bitten, der am 30. Oktober 1918 im Hafen von Mudros (Limnos) unterzeichnet wurde. Das Osmanische Reich, das seit Ende Oktober 1914 als Verbündeter der Mittelmächte am Weltkrieg beteiligt war, gehörte nun zu den Verlierern. Seit der Veröffentlichung der Geheimverträge der Entente durch die Bolschewiki Ende 1917 war es offenkundig, was die Niederlage konkret bedeutete: die Aufteilung des Reiches. Auch die Bestimmungen des Waffenstillstandes deuteten in diese Richtung. Die Alliierten, deren ›Große Flotte‹ am 13. November in den Bosporus einfuhr, behielten sich das Recht vor, jedes Gebiet im Landesinneren zu besetzen, wenn sie es für nötig hielten.

In der Hauptstadt Istanbul (Konstantinopel) machte die öffentliche Meinung das jungtürkische ›Komitee für Einheit und Fortschritt‹ (KEF) für die Katastrophe verantwortlich. Dabei waren die ›Jungtürken‹ 1908 angetreten, den unaufhaltsam erscheinenden Niedergang des Reiches abzuwenden. Sie standen in der Tradition der Reformbewegung *Tanzimat*, die seit den 1830er Jahren eine beachtliche Modernisierung von Staat und Gesellschaft herbeigeführt hatte. Der Höhepunkt des Erneuerungsprozesses war die Verkündung der ersten osmanischen Verfassung im Jahre 1876: Das Vielvölkerreich wurde formell in eine konstitutionelle Monarchie umgewandelt. Die Reformer hofften, die auseinanderstrebenden Interessen der einzelnen Völker im Rahmen eines parlamentarischen Systems versöhnen zu können. Alle Untertanen des Sultans, welcher Religion oder welchem religiösen Bekenntnis sie auch angehörten, sollten rechtlich gleichgestellte Bürger ein und desselben osmanischen Vaterlandes sein. Dieser ›Osmanismus‹ wurde fortan als die integrative Ideologie des Vielvölkerreiches staatlich gefördert.

Seine Realisierung implizierte auf lange Sicht die Ersetzung der alten Konfessionsgemeinschaften (*Millets*), die auf dem Personalprinzip des Rechts beruhten, durch einen säkularen, demokratisch legitimierten Territorialstaat. Gerade dies konnte jedoch nicht im Interesse der nationalen Befreiungsbewegungen der christlichen Völker liegen, die auf die ›Wiedergeburt‹ ihrer eigenen Nationalstaaten hinarbeiteten. Daß es praktisch unmöglich war, das Territorium des Reiches, auf dem man seit Jahrhunderten in einer ethnisch-konfessionellen Gemengelage lebte, nach nationalen Gesichtspunkten ›gerecht‹ aufzuteilen, wurde außer acht gelassen. Man reklamierte allein aufgrund des historischen Rechts auch Gebiete für die eigene Nation, deren Bewohner mehrheitlich einer anderen Nation angehörten.

Die Widersprüchlichkeit der nationalen Problematik bestand nun besonders darin, daß einerseits das alte System der Konfessionsgemeinschaften von dem sich ethnisch, sprachlich und territorial definierenden säkularen Nationskonzept negiert wurde, man andererseits aber nicht bereit war, auf das konfessionelle System zu verzichten, und zwar teils aus Gründen der eigenen Legitimation (gegen Ungleichheit und die islamische Unterdrückung ließ sich leichter mobilisieren), teils aufgrund der Tatsache, daß die Schulhoheit der einzelnen *Millets* und infolgedessen der Unterricht in der jeweiligen Nationalsprache den Prozeß der Nationswerdung außerordentlich erleichterten.

Eine ähnliche Widersprüchlichkeit läßt sich in der Haltung der europäischen Mächte im Kontext der ›Orientalischen Frage‹ feststellen: Sie drängten auf Reformen und verlangten vor allem die Gleichstellung der Christen mit der muslimischen Mehrheit. Eine konsequente Reformierung des Osmanischen Reiches würde jedoch auf verschiedenen Ebenen die Interessen Europas durchkreuzen: Sie würde die auf dem *Millet*-System basierende Exterritorialität der Europäer im Orient unhaltbar machen. Die Protektoratsansprüche der Großmächte in bezug auf die orientalischen Christen, was ihren politischen Einfluß im Nahen Osten legitimierte, würden gegenstandslos. Auch die wirtschaftliche ›Open-door‹-Politik im Osmanischen Reich, welche die Mächte unter kollektiver Anstrengung aufrechterhielten, würde in Frage gestellt.

Die Modernisierung im osmanistischen Geist war aber nicht zuletzt aufgrund des Widerstands der muslimischen Bevölkerungsmehrheit zum Mißerfolg verurteilt. Die Muslime sahen sich einerseits als das staatstragende Volk, fühlten sich aber andererseits wirtschaftlich und sozial schlechter gestellt als die Nichtmuslime. Aus ihrer Sicht war der osmanische Staat – trotz eines Sultan-Kalifen an der Spitze – dabei, seinen islamischen Charakter zu verlieren. Die Nichtmuslime, die im Wirtschaftsleben des Landes schon immer den Ton angegeben hatten, drangen nunmehr zunehmend auch in die neuen Ämter vor. Die muslimischen Befürworter von Reformen bildeten aus diesem Gesichtswinkel eine kleine Elite, die ihre eigenen kulturellen Wurzeln bereits geleugnet hatte. Dem russisch-osmanischen Krieg von 1877/78 kommt in diesem politisch-kulturellen Wandlungsprozeß die Bedeutung einer Wende zu. Die katastrophale Niederlage, die beträchtlichen Gebietsverluste und die sich bald offenbarende Zahlungsunfähigkeit des Staates diskreditierten bei der muslimischen Bevölkerungsmehrheit die Westorientierung der *Tanzimat*-Periode samt der dazugehörenden Idee des Osmanismus endgültig. Daß das Reich nach 1878 Hunderttausende von Flüchtlingen aus den verlorenen Gebieten auf dem Balkan und im Kaukasus aufnehmen mußte, akzentuierte den Stimmungswandel zum Islamismus zusätzlich.

Die Regierung Sultan Abdulhamids II. (1876-1909) trug der veränderten Lage dadurch Rechnung, daß sie eine Versöhnungspolitik gegenüber jenen Gruppen einleitete, die durch die Reformen der vorangegangenen Epoche entfremdet worden waren. Die integrative Kraft dieser Politik lag in der ideologischen Betonung islamischer Grundwerte. Gegenüber der christlich-abendländischen Kultur rückte man nunmehr die großen Leistungen der islamischen Zivilisation in den Vordergrund. Angesichts der imperialistischen Expansion Europas in den muslimischen Gebieten Afrikas und Asiens gelang es dem Sultan zudem, das seit langem verblaßte Amt des Kalifats zu reaktivieren und als Beschützer aller Muslime aufzutreten. Zumindest im Innern war er dabei insofern erfolgreich, als die Loyalität von zwei wichtigen muslimischen Gruppen gesichert wurde, die während der Reformperiode in zahlreichen Aufständen die staatliche Autorität herausgefordert hatten: Die Kurden (im Osten) und die Albaner (im Westen) sollten fortan eine Schlüsselrolle im Rahmen der neuen Nationalitätenpolitik spielen. Die Volksgruppenkonflikte zwischen den Kurden und Armeniern in Ostanatolien und zwischen den Albanern und Serben im Kosovo in den 1890er Jahren und danach müssen in diesem Zusammenhang gesehen werden.

Die jungtürkische Opposition, die sich in den 1890er Jahren aus disparaten Gruppierungen im Exil formierte, richtete sich in erster Linie gegen Sultan Abdulhamid, der das Reich seit 1878 ohne Rücksicht auf die Verfassung autokratisch regierte. Aber bereits an diesem Punkt endete die Gemeinsamkeit der politischen Zielsetzung. Die Tiefe der Meinungsverschiedenheiten unter den Jungtürken wurde deutlich, als man im Jahre 1902 zum ersten Kongreß der osmanischen Oppositionellen in Europa zusammentraf. Während die Mehrheit, darunter Armenier und syrische Christen, für die Dezentralisation des Reiches mit entsprechender regionaler Autonomie eintrat und um dieses Zieles willen sogar bereit war, die Großmächte zur militärischen Intervention aufzufordern, pochte die Minderheit, die als ›zentralistisch‹ galt, auf die Respektierung der osmanischen Souveränität. Diese ›Zentralisten‹ hatten schon im Jahre 1895, als die Großmächte Reformen für die armenischen Provinzen in Ostanatolien durchzusetzen versuchten, ihre politische Linie wie folgt festgelegt: ›Wir fordern Reformen, und zwar nicht für diese oder jene Provinz, sondern für das gesamte Reich, und nicht zugunsten einer einzigen Volksgruppe, sondern zugunsten aller Osmanen, seien sie nun Juden, Christen oder Muslime.‹ Das war also wieder das alte Programm des Osmanismus. Den Zentralisten sollte es schließlich auf dem zweiten Jungtürken-Kongreß Ende 1907 in Paris gelingen, die übrigen Gruppierungen auf dieses osmanistische Programm zu verpflichten. Die Beschlüsse des Kongresses enthielten im wesentlichen die Forderung, daß der Sultan abzudanken habe, um die Wiedereinführung des parlamentarischen Systems von 1876 zu ermöglichen. Daneben wurde festgestellt, daß alle Völker des Reiches das gleiche Schicksal teilten. Deshalb wolle man solidarisch für das Wohl des gemeinsamen Vaterlands kämpfen und danach – als Bürger mit gleichen Rechten und Pflichten – in Frieden und Freiheit miteinander leben.

So kam es zu der spektakulären Völkerverbrüderung in den Tagen der jungtürkischen Revolution, nachdem der Sultan am 24. Juli 1908 die Wiedereinführung der Verfassung verkündet hatte. Indes war die nationale Frage keineswegs gelöst. Die gegensätzlichen Interessen traten in den Parlamentswahlen im Spätherbst 1908 offen zutage. Nicht zuletzt die zahlreichen Unregelmäßigkeiten bei diesen Wahlen unterhöhlten das Vertrauen zu den Jungtürken. Die feindliche Haltung der Nachbarstaaten und einiger Großmächte war ein weiterer Faktor, der zur Destabilisierung des neuen Regimes beitrug: Die bulgarische Unabhängigkeitserklärung, die Annexion Bosniens und der Herzegowina durch Österreich-Ungarn und der Anschluß der Insel Kreta an Griechenland schon am 5., 6. und 7. Oktober 1908 bildeten eine Reihe von koordinierten Handlungen, die eine Diskreditierung der verfassungsmäßigen Ordnung im Osmanischen Reich zur Folge hatte.

Ein gewichtiger Grund für das Scheitern der Jungtürken ist jedoch darin zu sehen, daß ein muslimisches Bürgertum, das als Träger des neuen konstitutionellen Systems hätte dienen können, noch nicht vorhanden war. So stützten sich die Reformer vorwiegend auf die grundbesitzende Schicht und auf die Militärs. Von den muslimischen Massen, deren Interessen sie zu artikulieren glaubten, waren sie dabei kulturell entfremdet. Selber Anhänger positivistischer Lehren und diverser sozialdarwinistischer Vorstellungen, neigten die Jungtürken dazu, die Rückständigkeit des Reiches auf die Religiösität des Volkes zurückzuführen. So war es kein Zufall, daß die ›konterrevolutionäre‹ Bewegung vom 13. April 1909 sich maßgeblich auf islamistische Kreise stützen konnte. Die Jungtürken wurden aus Istanbul verjagt, das Parlament wurde geschlossen, das alte Regime schien zurückgekehrt.

Dem jungtürkischen Komitee gelang es nur dank der Intervention eines Teils der Streitkräfte, die Krise zu meistern. Von Saloniki aus unternahm man einen Feldzug auf die Reichshauptstadt. Am 28. April 1909 wurde Abdulhamid II. abgesetzt. Das Komitee ging nun gegen die Opposition hart vor. Unter dem zunehmenden Einfluß des Militärs war man entschlossen, die Zügel im Sinne eines strengen Zentralismus straffer anzuziehen. Dies kam im Bereich der Kulturpolitik dahingehend zum Ausdruck, daß alle Schulen unter die Aufsicht des

Staates gestellt werden sollten. Die so eingeleitete streng osmanistische Phase der jungtürkischen Politik ließ sich jedoch nur für kurze Zeit durchhalten. Der albanische Aufstand seit Frühjahr 1910 veranlaßte das jungtürkische Komitee im Juli 1910, öffentlich einzugestehen, daß die Politik des Osmanismus gescheitert war. Die Einheit der nationalen Elemente (*ittihad-ı anasır*) könne nur langfristig verwirklicht werden. Diese Einsicht kam allerdings reichlich spät, denn die Jungtürken waren längst unter den Druck der liberalen Opposition geraten, die sich rasch formiert hatte. Bis zum Frühjahr 1911 sahen sich nacheinander alle Komiteemitglieder in der Regierung gezwungen, ihre Ministerposten niederzulegen. So schien der jungtürkische Reformismus in weniger als drei Jahren bereits Geschichte geworden zu sein.

Es war die italienische Aggression im September 1911 gegen die osmanische Provinz Tripolis in Nordafrika, die den Jungtürken den Weg in die Politik von neuem eröffnete. Das Komitee für Einheit und Fortschritt nutzte diese Chance geschickt aus. Offiziere aus den eigenen Reihen, darunter die später berühmt gewordenen Enver und Mustafa Kemal, wurden als Freiwillige nach Nordafrika entsandt, um den Widerstand der Stämme gegen die Italiener zu organisieren. Daneben startete man eine Kampagne der panislamistischen Agitation, die besonders in Arabien Gehör fand. Es war gleichermaßen ein Glück für die Jungtürken, daß ihre Partei nicht an der Macht war, als die Staaten des Balkanbundes (Bulgarien, Serbien, Griechenland, Montenegro) im Oktober 1912 das Osmanische Reich angriffen. Die Verantwortung für das bald eingetretene Debakel, zweifellos das schwerste in der Kriegsgeschichte der Osmanen, lastete auf den liberalen ›Alttürken‹, die im Frieden von London schließlich sogar den Verlust Edirnes (Adrianopel) hinnehmen mußten.

Noch bevor der Friede geschlossen war, inszenierte jedoch das Komitee für Einheit und Fortschritt am 23. Januar 1913 einen Staatsstreich in Istanbul und stürzte die liberale Regierung. Das Geschick des Reiches lag nun zum ersten Mal ausschließlich in der Hand der Jungtürken. Zwar konnte auch die neue Führung, die zunehmend mit den Namen von Enver, Talat und Cemal identifiziert wurde, die desolate Lage an der Front in Thrakien nicht mehr umkehren – der Friedensvertrag vom 30. Mai 1913 bestätigte den Verlust von Edirne für die Türken –, doch die innerbalkanischen Rivalitäten, die schon Ende Juni 1913 zum Zweiten Balkankrieg führten, wurden von der jungtürkischen Regierung entschlossen ausgenutzt. Am 23. Juli eroberten die osmanischen Truppen Edirne zurück, und Enver Bey, der mit der Vorhut in die Stadt einmarschiert war, erlangte nun als ›Befreier von Edirne‹ landesweiten Ruhm.

Die Jahre 1913 und 1914 stellen in der Entwicklung der nationalen Frage im spätosmanischen Reich eine neue Phase dar. Die Niederlage im Balkankrieg wurde zum einen darauf zurückgeführt, daß die nichtmuslimischen Soldaten in den Streitkräften zum Feind übergelaufen und damit eine Demoralisierung in den osmanischen Reihen verursacht hätten, zum anderen aber darauf, daß der durchschnittliche osmanische Soldat es unter dem Einfluß der osmanistischen Ideologie verlernt habe, sich für die Ehre des Islam und des Vaterlandes aufzuopfern. Man brauche unbedingt eine neue Erziehung im nationalistischen Geist.

Die Diskussion über die Ursachen der Katastrophe fand vor dem Hintergrund eines sich zuspitzenden Konflikts mit Griechenland über den Besitz der ostägäischen Inseln, einer griechisch-osmanischen Flottenrivalität sowie eines neuen Flüchtlingselends infolge der Vertreibungspolitik griechischer und serbischer Behörden im geteilten Makedonien statt. Das Komitee für Einheit und Fortschritt war bereit, wegen der Inselfrage einen neuen Krieg zu riskieren, was nicht unwesentlich dazu beitrug, die chauvinistische Atmosphäre anzuheizen. Im Winter 1913/14 kam es zur Vertreibung von Griechen aus der Umgebung von Izmir (Smyrna). Der Ministerpräsident Griechenlands, Eleftherios Venizelos, brachte im Frühsommer 1914 die Idee eines Bevölkerungsaustausches in die Diskussion, der die Muslime Makedoniens und des Südepirus einerseits und die Griechen Ostthrakiens und des Vilayet (Provinz) Izmir andererseits erfassen sollte.

Unter diesen Bedingungen verlor das osmanische Ideal eines multiethnisch-multikonfessionellen Reiches, von den Nichtmuslimen längst als verkappte Turkisierung abgelehnt, nunmehr auch für die Muslime seinen Sinn. Wenn auch der Staat sich offiziell weiterhin als ›osmanistisch‹ darstellte, gewann ein ethnisch-sprachlich verstandener Nationalismus der muslimischen Völker – Araber, Kurden, Türken – zunehmend Akzeptanz. Gehör fanden aber vor allem jene Stimmen, die verlangten, daß durch eine geeignete Erziehungsphilosophie die muslimische Bevölkerungsmehrheit zu türkisch-nationalem Bewußtsein herangebildet werden müsse. Die Anfänge dieses ›Turkismus‹ reichen allerdings bis in die *Tanzimat*-Epoche zurück: Von der ungarischen turkologischen Forschung inspiriert, hatten einige Historiker schon in den 1870er Jahren begonnen, auch die vorislamische Geschichte der Türken in ihre universalgeschichtlichen Betrachtungen einzubeziehen. Blieb dieser romantische Turkismus gegenüber dem offiziell geförderten Osmanismus vorerst auch nur eine Randerscheinung, so war er seit der Jahrhundertwende zu einer Bewegung mit ernstzunehmender Breitenwirkung geworden. Tatarisch-türkische Intellektuelle aus dem Zarenreich haben in diesem Prozeß eine entscheidende Rolle gespielt.

Die kommerziell engagierte Schicht unter den Türkisch sprechenden Muslimen in Rußland hatte es hauptsächlich in drei Regionen – im Gebiet um Kazan, auf der Krim und in Transkaukasien – recht früh zu relativem Wohlstand gebracht. Seit dem Krimkrieg (1853-56) verschärftem Assimilationsdruck ausgesetzt, entwickelte man hier wesentlich früher als im Osmanischen Reich ein türkisches Nationalbewußtsein, und zwar mit panturkistischen Tendenzen. Man propagierte die Idee, daß alle Turkvölker sich unter der Führung der osmanischen Türken einigen sollten, wobei die gemeinsame türkische Sprache und der gemeinsame islamische Glaube die kulturelle Basis der Nation abgeben würden. Die russische Revolution von 1905 gab dem Turkismus einen großen Impuls. Die Rußlandtürken hofften nun, eine Art kultureller Autonomie zu erlangen. Als jedoch im Sommer 1907 die konservativen Kräfte obsiegten, suchten einige Turkisten in Istanbul Zuflucht. Nach der Jungtürken-Revolution von 1908 entfaltete vor allem Yusuf Akçura eine beachtenswerte politische wie publizistische Tätigkeit: Ende 1908 schuf er einen ›Türken-Verein‹ (*Türk Derneği*); im August 1911 wurde die ›Gesellschaft der Türkischen Heimat‹ (*Türk Yurdu Cemiyeti*) gegründet; im März 1912 folgte die Gründung des Klubs ›Türkischer Herd‹ (*Türk Ocağı*). Das Organ der Bewegung war die Zeitschrift *Türk Yurdu* (Heimat der Türken), die vom Herbst 1911 an von Yusuf Akçura herausgegeben wurde. Alle diese Organisationen verstanden sich als Kulturvereine und achteten darauf, unabhängig vom Komitee für Einheit und Fortschritt zu bleiben, dessen osmanistische Ideologie sie ablehnten. Von jungtürkischer Seite wurden sie denn auch bis zur Niederlage im Balkankrieg weitgehend ignoriert.

Aber nach der Niederlage begann man die Turkisten umso stärker zu beachten. Ziya Gökalp, der ›Ideologe‹ der Jungtürken par excellence, begann nunmehr in *Türk Yurdu* zu publizieren, wo auch sein programmatischer Artikel unter dem Titel ›Turkisierung, Islamisierung, Modernisierung‹ (*Türkleşmek, İslâmlaşmak, Muasırlaşmak*) erschien. Darin gab Gökalp die später berühmt gewordene Losung aus: ›Wir gehören zur türkischen Nation, zur islamischen Religionsgemeinschaft und zur europäischen Zivilisation‹. Man stellte nun den Osmanismus als eine Art kosmopolitischer Gesinnung hin und begann, die Bedeutung der Herausbildung einer nationalen Bourgeoisie zu betonen.

Die osmanische Niederlage im Balkankrieg warf ihren Schatten auch auf die jungtürkisch-armenischen Beziehungen. Diese hingen weitgehend vom Gelingen der schon 1907 vereinbarten und nach den Armenier-Massakern von Adana 1909 nochmals bekräftigten Zusammenarbeit zwischen dem Komitee für Einheit und Fortschritt einerseits und der Armenischen Revolutionären Föderation andererseits ab. Im wesentlichen wollten beide Organisationen (1) das konstitutionelle Regime stärken, (2) nicht zulassen, daß die Integrität des Reiches in Frage gestellt wurde, und (3) einen größeren Handlungsraum für die Regionalverwaltungen sichern. Das bilaterale Verhältnis war jedoch bereits 1910, u.a. aufgrund der jungtürkischen Schulpolitik, belastet. Nach 1912 verließ die armenische Föderation ihre alte Linie und begann, eine internationale Regelung für die armenische Frage zu fordern. Sie fand dabei vor allem – aber nicht nur – bei den Staaten der Entente Unterstützung. Ein von Rußland unterbreitetes Reformprojekt kam dabei den Zielen der armenischen Nationalbewegung am nächsten. Demnach sollten die sechs östlichen *Vilayets* Erzurum, Sivas, Harput, Bitlis, Van und Diyarbakır zu einer einzigen Provinz Armenien unter einem Christen als Generalgouverneur zusammengefaßt werden. Nur die eingeborene seßhafte

Bevölkerung sollte Bürgerrechte gewährt bekommen, während die muslimischen Flüchtlinge bzw. aus anderen Gebieten Eingewanderte (Tscherkessen, Georgier u.a.) die autonome Provinz zu verlassen hätten. Außerdem war das Land, auf dem die ehemals nomadisierenden kurdischen Stämme seßhaft geworden waren, ihren ursprünglichen, d.h. armenischen Besitzern zurückzuerstatten. Die osmanische Regierung versuchte mit allen Mitteln, dieses Reformprojekt zu Fall zu bringen, erreichte aber nur eine geringfügige Revision des ursprünglichen Konzepts: Statt einer, sollten zwei autonome Provinzen gebildet werden, und von einer Verweigerung von Bürgerrechten für die eingewanderte bzw. nomadisierende muslimische Bevölkerung war in dem endgültigen Text vom 8. Februar 1914 keine Rede mehr.

Am Vorabend des Ersten Weltkrieges war das Osmanische Reich außenpolitisch völlig isoliert, obwohl die jungtürkische Führung bestrebt war, einen Anschluß an eine der beiden Mächtegruppierungen, die Tripelallianz (Rußland, Großbritannien und Frankreich) oder den Dreibund (Deutschland, die Donaumonarchie und Italien), zu erreichen. Die allgemeine Präferenz war eindeutig die Entente. Denn während zu den deutschen Staaten keine Landgrenze mehr bestand, konnten die Ententemächte, die alle drei kaum verdeckte Expansionsinteressen im Osmanischen Reich hatten, im Kaukasus, in Arabien und, mit ihren Flotten, vom Mittel- und Schwarzen Meer her das Osmanische Reich unmittelbar bedrohen. Aus den gleichen Gründen war jedoch die Entente an einer sicherheitspolitischen Kooperation mit dem Osmanischen Reich nicht interessiert. Ein britischer Diplomat im Foreign Office drückte dies sehr treffend aus: ›Entweder kämpft die Türkei gegen uns, oder sie wird [als Verbündeter] beim Friedensschluß solche Forderungen stellen, daß es besser wäre, wenn sie gegen uns gekämpft hätte und geschlagen worden wäre‹.

Auch Deutschland war nicht gewillt, sich durch ein Bündnis mit den Osmanen unnötig die Hände binden zu lassen, zumal man keine hohe Meinung vom militärischen Wert des potentiellen Bündnispartners hatte. So zeigte sich die deutsche Diplomatie desinteressiert, als Enver Bey am 22. Juli 1914 Berlin darum bat, eine türkisch-bulgarische Allianz zu unterstützen – übrigens eine Initiative, die ohne Wissen der Anhänger der Entente im jungtürkischen Kabinett (Cavid, Cemal, Halil) stattfand. Erst nachdem Großbritannien die Beschlagnahmung einiger in britischen Werften gebauten und zum größten Teil bereits bezahlten osmanischen Kriegsschiffe verfügt hatte und Deutschland, das bereits im Krieg mit Rußland stand, den militärischen Wert des türkischen Bündnispartners mit anderen Augen zu sehen begann, kam der deutsch-osmanische Bündnisvertrag vom 2. August 1914 zustande.

Dennoch war die Pforte nicht bereit, sofort in den Krieg einzutreten, sondern erklärte lediglich ihre bewaffnete Neutralität. Nach den Mißerfolgen der Österreicher in Galizien und vor allem nach deutschen Rückschlägen an der Marne begannen die Zentralmächte jedoch, auf einen raschen Kriegseintritt des Osmanischen Reiches zu drängen. Der Kriegszustand zwischen der Pforte und der Entente wurde schließlich Ende Oktober 1914 durch Beschießung von Odessa und Sevastopol durch deutsche, jedoch unter osmanischer Flagge fahrende Kriegsschiffe herbeigeführt.

Der Ausbruch des Krieges in Europa bedeutete für die Jungtürken zunächst eine Chance, ihr nationalistisches Programm in die Tat umzusetzen. Der wichtigste Schritt in diesem Zusammenhang war die Kündigung des Systems der ›Kapitulationen‹ am 9. September 1914 (zum 1. Oktober), der rechtlichen Basis aller Privilegien der Europäer (Exterritorialität, Steuerfreiheit, eigene Postämter, niedrige *Ad-valorem*-Zollsätze) im Orient. Ein ähnlich gravierender Eingriff folgte im März 1916, als das Türkische per Gesetz zur obligatorischen Geschäftssprache auch bei ausländischen Gesellschaften erhoben wurde. Damit verfolgte man offenkundig das Ziel, die überwiegend nichtmuslimischen Angestellten in der Wirtschaft durch muslimisches Personal zu ersetzen. Unter den Bedingungen der Krieges wurden somit die Voraussetzungen für die Entstehung einer ›nationalen Bourgeoisie‹ geschaffen.

Bei Kriegsausbruch war die militärische Lage des Osmanischen Reiches, das schon seit Jahren an verschiedenen Fronten Krieg geführt und zahlreiche Niederlagen erlitten hatte, ausgesprochen ungünstig. Zumindest an offensive Operationen war nicht zu denken. Trotzdem erhofften sich die deutschen Bündnispartner vor allem von der Erklärung des Heiligen Krieges durch den Sultan-Kalifen in Ägypten, Indien und im Kaukasus Aufstände gegen die Entente. Das bedeutete Vorstöße in Richtung Suezkanal und in den Kaukasus hinein, wobei wirksame panislamistische wie panturkistische Agitation gefragt war.

Wenn auch die islamistische Propaganda, unterstützt von den im Rücken des Gegners operierenden Sonderkommandos (*Teşkilât-ı Mahsusa*) des Generalissimus Enver, nicht ohne Wirkung blieb, war besonders die Offensive an der Kaukasusfront – nicht zuletzt aus logistischen Gründen – zum Mißerfolg verurteilt. Der am 18. Dezember 1914 begonnene Vormarsch kam schon am 29. Dezember zum Stehen (fast drei Viertel der Truppen waren in der Kälte umgekommen), und die Russen konnten am 23. Dezember die Gegenoffensive eröffnen. Diese Niederlage versetzte das jungtürkische Regime auch in nationalpolitischer Hinsicht in eine prekäre Lage, denn die ohnehin gespannten Beziehungen zu den armenischen politischen Organisationen spitzten sich nun zu. Auch unter dem Eindruck eines armenischen Aufstands in Van befahl das Innenministerium am 24. April 1915, am Vorabend des Angriffs der Entente an den Dardanellen, die Schließung aller politischen Organisationen der Armenier in der Hauptstadt. Die nächste Maßnahme der jungtürkischen Regierung in dieser Frage sollte außerordentlich schwerwiegende Folgen haben: Ende Mai 1915 beschloß man, die gesamte armenische Bevölkerung der ›Kampfzone‹ in Ostanatolien in andere Gebiete im Süden (Syrien und Mesopotamien) zu deportieren. Dieser Schritt, der im Rückblick als Kriegsverbrechen zu werten ist und nur mit nationalistischer Verblendung der jungtürkischen Führung erklärt werden kann, kostete Hunderttausenden von Menschen das Leben.

Trotzdem änderte sich die Lage im Osten keineswegs zugunsten der Osmanen; erst die Revolutionen im Zarenreich im Laufe des Jahres 1917 brachten eine Wende, und am 7. Dezember 1917 kam es zum Waffenstillstand zwischen Rußland und der Pforte. Die Entente versuchte jedoch, den Krieg an dieser Front unter Einsatz von Truppen der sich nunmehr formierenden transkaukasischen Republiken fortzuführen. Da aber die muslimischen Aserbaidschaner ebenso wie die mit den Deutschen sympathisierenden Georgier hierfür nicht zu gewinnen waren, blieben nur noch die Armenier, von denen erwartet wurde, die von den Russen verlassenen Stellungen gegenüber den Türken zu halten. So wandelte sich der Krieg in diesem Raum zusehends in einen türkisch-armenischen Konflikt. Die osmanischen Truppen rückten im Februar 1918 bis an die Grenze von 1914 vor. Der Vertrag von Brest-Litovsk vom 3. März 1918 erlaubte ihnen außerdem, die erst 1878 an Rußland gekommenen Provinzen Kars, Ardahan und Batum wieder in Besitz zu nehmen. Diese Gebiete waren aber inzwischen von armenischen und georgischen Truppen besetzt. Auf der Konferenz von Batum am 23. April 1918 verlangten nun die Mittelmächte, daß Armenien und Georgien nicht nur der Annexion von Kars und Ardahan durch die Pforte zustimmen, sondern auch ihre Streitkräfte umgehend demobilisieren sollten. Armenien wollte sich diesem Diktat jedoch nicht beugen. Daraufhin brachen dic Osmanen gegen Mitte Mai den Waffenstillstand, marschierten bis vor die Tore Eriwans und zwangen so Armenien, die Bedingungen der Mittelmächte zu akzeptieren (26. Mai 1918).

Nach diesen kaum mehr erhofften Erfolgen ließ Enver Pascha im Juni 1918 neue Verbände im Kaukasus aufstellen. Die so formierte ›Islamische Armee‹ hatte den Auftrag, nach Baku zu marschieren, um die junge Republik Aserbaidschan zu unterstützen. Nach einiger Mißstimmung auch mit den deutschen Verbündeten erreichten die osmanischen Truppen Mitte September 1918 ihr Ziel. Bald darauf brach jedoch, wie eingangs erwähnt, die Front in Palästina zusammen, und der Erste Weltkrieg war für das Osmanische Reich verloren.

2. Kampf um territoriale Einheit und nationale Unabhängigkeit, 1918–22

Seit Sommer 1918 waren die jungtürkischen Führer bemüht, ihre Nachfolge zu regeln. Sie wünschten sich eine Regierung des Übergangs, die gegenüber dem Komitee für Einheit und Fortschritt, wenn auch kritisch, so doch wohlwollend eingestellt war; die Schlüsselpositionen hätte man am liebsten an Freunde aus der ›zweiten Mannschaft‹ der Partei übertragen. Daneben ergriff man erste Maßnahmen, um die Grundlagen eines künftigen Widerstandes gegen die Siegermächte zu schaffen. So entstanden Geheimorganisationen, in deren Zellen bewährte Kämpfer der Partei und Offiziere aus dem militärischen Geheimdienst zusammenkamen. Als dann am 14. Oktober 1918 eine neue Regierung unter Ahmed Izzet Pascha gebildet wurde, war das Komitee für Einheit und Fortschritt mit drei Ministern (Cavid, Fethi und Rauf) im Kabinett vertreten. Die für den Krieg verantwortlichen Politiker (Enver, Talat und Cemal) konnten in der Nacht vom 1./2. November ungehindert das Land verlassen.

Die Widerstandsbewegung machte sich schon am 5. November 1918 bemerkbar, als ein ›Nationaler Islamischer Rat von Kars‹ gebildet wurde, um die Übergabe dieser Provinz an die Armenier zu verhindern. Innerhalb von wenigen Monaten entstanden nun in verschiedenen Gebieten, die von fremden Mächten beansprucht wurden, ›Komitees zur Verteidigung der Rechte‹ (*Müdafaa-i Hukuk Cemiyetleri*) der muslimischen Bevölkerung, deren Träger durchweg dem regionalen Kader der ehemaligen jungtürkischen Partei angehörten. Die Muslime, die Repressalien oder gar Vertreibung zu befürchten hatten, ließen sich relativ leicht mobilisieren.

Die Einfahrt der alliierten Flotten in den Bosporus am 13. November 1918 – am 11. November war in Istanbul eine der Entente genehmere Regierung unter Tevfik Pascha gebildet worden – setzte eine Welle militärischer Besetzungen in Gang, die bis zum Mai 1919 praktisch alle Regionen des Landes erfassen sollte. Die Briten traten als Besetzer im Süden und Südosten Anatoliens (Kilis, Anteb, Maraş, Urfa) hervor. Sie besetzten freilich auch Kars im Nordosten, verhafteten die Führer der dortigen muslimischen Bewegung und übergaben die Verantwortung an die Armenier. Ferner besetzten sie Samsun am Schwarzen Meer, wo die Griechen einen Pontus-Staat zu errichten trachteten. Die Franzosen besetzten im Dezember, unterstützt von einer armenischen Legion, die Städte Kilikiens (Antiochien, Mersin, Adana), wobei es bei Dörtyol zum ersten bewaffneten Widerstand der muslimischen Bevölkerung kam. Die Italiener brachten im Januar 1919 den Bahnhof von Konya und, einige Monate später, Antalya am Mittelmeer unter ihre Kontrolle. Anfang Februar 1919 erhob Griechenland Anspruch auf Ostthrakien sowie auf ein ausgedehntes Gebiet in Westanatolien mit Izmir als Zentrum. Die armenische Delegation reklamierte auf der Friedenskonferenz in Paris weite Teile Anatoliens für einen künftigen armenischen Nationalstaat.

Diese Teilungspläne gaben der sich formierenden Widerstandsbewegung der Muslime immer mehr Auftrieb: Im Februar 1919 entstand im Gebiet um Trabzon am Schwarzen Meer, das von Griechen wie Armeniern beansprucht wurde, ein ›Verein zur Verteidigung der nationalen Rechte‹. In Istanbul wurde eine ›Gesellschaft zur Entwicklung Kurdistans‹ (*Kürt Teâli Cemiyeti*) gegründet, die bald Niederlassungen in den südöstlichen Provinzen Diyarbakır, Mamuretülaziz (Elâzığ) und Bitlis hatte. Anfang März 1919 fand in Erzurum der erste Kongreß eines ›Vereins zur Verteidigung der nationalen Rechte des Ostens‹ statt. Im selben Monat wurde in Izmir ein Kongreß zur ›Ablehnung der Annexion‹ durch Griechenland abgehalten.

Ihren Höhepunkt erreichte diese Entwicklung mit der Besetzung Izmirs durch Griechenland am 15. Mai 1919, einem Ereignis, das aus mehreren Gründen eine Wende markiert: Dadurch wurden, erstens, die bestehenden Tendenzen zu einer bürgerkriegsähnlichen Auseinandersetzung zwischen den muslimischen und nichtmuslimischen Bevölkerungsgruppen in Anatolien verstärkt. Einige Tage vorher (am 9. Mai 1919) hatte nämlich das ökumenische Patriarchat von Konstantinopel durch einen völkerrechtswidrigen Akt die staatsbürgerlichen Beziehungen der griechisch-orthodoxen Bevölkerung zur osmanischen Regierung für abgebrochen erklärt. Mit der Landung der griechischen Truppen bei Izmir entstand also für die osmanischen Griechen eine völlig neue Situation. Sie konnten nunmehr grundsätzlich wie die Staatsbürger des Königreichs Griechenland behandelt werden, mit Verpflichtungen etwa zum Militärdienst in den griechischen Streitkräften in Kleinasien.

Die Besetzung Izmirs schwächte ferner die Position der prowestlichen Kräfte im Osmanischen Reich. Nicht nur sah sich die seit März 1919 von Ferit Pascha geführte ›anglophile‹ Regierung in Istanbul veranlaßt, gegen die Politik der Siegermächte öffentlich Protest einzulegen, sondern es fanden nun auch zum ersten Mal in allen wichtigen Städten des Landes Massendemonstrationen statt, an denen neben den überwiegend jungtürkisch-nationalistischen Wortführern auch Vertreter der liberalen Intelligenz teilnahmen. Die Regierung des Sultans, die bis dahin den guten Willen des Westens betont und suggeriert hatte, daß man unter dessen wohlwollender Anleitung die Nachkriegskrise irgendwie schon würde meistern können, geriet zunehmend in Mißkredit.

Auf der militärischen Ebene schließlich führte die Besetzung von Izmir zur Formierung der ›nationalen Kräfte‹ (*Kuvayi Milliye*), d.h. der ersten irregulären Verbände, die sich zu einem beträchtlichen Teil aus muslimischen Flüchtlingen vom Balkan und aus dem Kaukasus rekrutierten. So wurden die vordringenden Griechen noch im Mai 1919 in eine Art Partisanenkrieg verwickelt, der mit wechselnder Intensität bis zum türkischen Sieg im Herbst 1922 andauern sollte.

Vor diesem Hintergrund gewinnt der Aufstieg Mustafa Kemals (später Atatürk) zum Führer der türkischen Nationalbewegung seine historische Bedeutung. Er war Ende April 1919 vom Sultan zum Inspekteur der Truppen in Ostanatolien ernannt worden, mit dem Auftrag, die lokalen Unruhen vor allem im Gebiet von Samsun zu unterdrücken und die Demobilisierung der Armee zu überwachen. Am 16. Mai, einen Tag nach der griechischen Landung bei Izmir, verließ Mustafa Kemal Istanbul für seine neue Mission in Anatolien.

Wer war Mustafa Kemal? Im Jahre 1881 in Saloniki, der Metropole der damaligen ›Europäischen Türkei‹ geboren, gehörte Mustafa Kemal seit 1907 der jungtürkischen Opposition an. Im Zuge parteiinterner Machtkämpfe nach 1908 war er allerdings mehr und mehr in die hinteren Reihen gedrängt worden. Im Tripoliskrieg 1911/12 und während des Balkankrieges 1912/13 arbeitete er zeitweilig mit Enver, dem späteren Generalissimus, eng zusammen. Das Verhältnis zwischen beiden blieb jedoch kühl. Während der Kämpfe an den Dardanellen im Frühjahr 1915 erwarb sich Mustafa Kemal als tapferer Soldat und kluger Offizier einen hervorragenden Ruf, der es ihm erlaubte, in den folgenden Jahren wiederholt Kritik an den Entscheidungen der Regierung zu äußern. Bei Kriegsende, als die ›erste Mannschaft‹ der Jungtürken politisch inakzeptabel geworden war, erblickten viele in der Person Mustafa Kemals einen möglichen Nachfolger Envers.

Mustafa Kemal selbst hielt sich am Kriegsende für berufen, jedes hohe Amt im Staate zu übernehmen. Schon im Oktober 1918 bewarb er sich vergeblich um den Posten des Kriegsministers im Kabinett Ahmed Izzet Pascha. Später ging er soweit, dem Sultan nahezulegen, er möge ihn zum Großwesir ernennen. Den offenen Bruch mit dem politischen Establishment der Hauptstadt zögerte er jedenfalls immer wieder hinaus, bis man ihm Ende April 1919 die Inspektion der III. Armee übertrug. Einige seiner Freunde, allen voran die Korpskommandeure Kâzım Karabekir und Ali Fuad, hatten längst wichtige Posten in Anatolien inne und förderten in ihren Gebieten mit allen Mitteln die nationalen Kräfte. Mit der Ankunft Mustafa Kemals in Samsun am 19. Mai 1919 erhielt die Widerstandsbewegung, die bis dahin eher regional ausgerichtet war, eine neue Qualität. Das hohe Ansehen Mustafa Kemals verlieh der Bewegung bald die nötige Einheit.

Eine erste Lagebesprechung, bei der die künftige Marschroute abgestimmt wurde, fand auf einem Kommandeurstreffen in Amasya am 21./22. Juni 1919 statt. In dem sog. Rundschreiben von Amasya teilte man den Behörden in Anatolien mit, daß die territoriale Integrität des Landes und die Unabhängigkeit der Nation gefährdet seien. Deshalb müsse schleunigst ein nationaler Kongreß einberufen werden, und zwar in Sivas, weit weg von Einfluß und Kontrolle der Besatzungsmächte in Istanbul. Solche Aktivitäten konnten natürlich weder den Vertretern der Siegermächte noch der Regierung des Sultans verborgen bleiben. Die Entlassung Mustafa Kemals von seinem militärischen Posten war von nun an täglich zu erwarten.

In dieser Atmosphäre fand der ›Kongreß von Erzurum‹ (23. Juli–7. August 1919) statt, dessen wichtigster Beschluß sich auf den Umfang des nationalen Territoriums bezog: Alle Gebiete, die am Tage des Waffenstillstandes (30. Oktober 1918) noch unter osmanischer Kontrolle gestanden hatten, sollten auch künftig innerhalb der Grenzen des unabhängigen osmanischen Staates bleiben. Noch klarer waren in dieser Hinsicht die Beschlüsse des ›Kongresses von Sivas‹, der vom 4. bis 11. September 1919 tagte: Alle Gebiete innerhalb der osmanischen Grenzen am Tage des Waffenstillstandes wurden für unteilbar erklärt. Die unterschiedlichen ethnischen Elemente der muslimischen Bevölkerung seien durch Gefühle der Solidarität und des gegenseitigen Respektes untrennbar miteinander verbunden. Mit allen Kräften sei zu verhindern, daß auf osmanischem Boden ein armenischer oder griechischer Staat errichtet werde. Um die territoriale Integrität und die nationale Unabhängigkeit zu sichern sowie das Sultanat und Kalifat besser zu verteidigen, sei es notwendig, dem Volkswillen Gültigkeit zu verschaffen. In Sivas wurde auch ein ›Repräsentativkomitee‹ (*Heyet-i Temsiliye*) unter dem Vorsitz Mustafa Kemals gebildet, ein interimistisches Ausführungsorgan der Widerstandsbewegung, das für das ganze Land zuständig war.

Unter dem Eindruck dieser Kongresse in Anatolien sah sich die Regierung in Istanbul genötigt, im Herbst 1919 allgemeine Wahlen abzuhalten. Das neugewählte Parlament wurde jedoch von den national gesinnten Abgeordneten aus Anatolien dominiert. So nahm es am 28. Januar 1920 ein Manifest, den ›Nationalpakt‹ (*Misak-i Millî*), an, das die Ziele der Widerstandsbewegung verkündete. In diesem Dokument waren im wesentlichen die Beschlüsse der Kongresse von Erzurum und Sivas zusammengefaßt. Sie liefen darauf hinaus, daß eine Teilung des Landes nicht hingenommen werden würde. Auch Istanbul sollte osmanisch bleiben. Man war lediglich bereit, die Autonomie der arabischen Provinzen anzuerkennen, eine Autonomie für Armenien oder Kurdistan wurde dagegen rigoros abgelehnt. Die Rechte der nichtmuslimischen Minderheiten sollten nach den für die europäischen Staaten geltenden Normen geregelt werden. Die ökonomische, finanzielle und rechtliche Unabhängigkeit des Osmanischen Reiches sei unbedingt zu sichern.

Die Reaktion der Besatzungsmächte auf diese Entwicklung war die vollständige militärische Besetzung Istanbuls am 16. März 1920. Das Parlament wurde per Dekret des Sultans aufgelöst, und der Scheich ul-Islam stellte ein *Fetwa*, ein islamrechtliches Gutachten, aus, das Mustafa Kemal und seine Anhänger zu Rebellen erklärte, deren Tötung rechtens sei.

Diese drakonischen Schritte waren geeignet, der Bewegung unter der Führung Mustafa Kemals größere Legitimität zu verschaffen. Denn das aufgelöste Parlament von Istanbul konstituierte sich am 23. April 1920 als ›Große Nationalversammlung‹ in Ankara, mit dem Anspruch, im Namen der gesamten osmanischen Nation zu handeln, und bei der feierlichen Eröffnung bekundete Mustafa Kemal geschickt dem ›ruhmreichen Kalifen‹ seine Treue. Am 5. Mai 1920 ließ er sogar vom Mufti von Ankara ein ›Gegen-*Fetwa*‹ ausstellen, dessen Inhalt für die legitimistische Strategie der Widerstandsbewegung in Anatolien kennzeichnend ist: Da der Sitz des Kalifats von feindlichen Mächten besetzt worden sei und der Kalif daran gehindert werde, die zum Wohle der Nation nötigen Maßnahmen zu ergreifen, sei es Pflicht aller Muslime, den Kalifen zu befreien.

Der Islam war somit für die kemalistische Bewegung die unverzichtbare ideologische Basis der Legitimität gegenüber der Regierung des Sultan-Kalifen in Istanbul. Er war aber zugleich auch die Basis der Solidarität zwischen den ethnisch unterschiedlichen Muslimen Anatoliens. Mustafa Kemal selbst trug in einer bemerkenswerten Rede vor der Nationalversammlung im Frühjahr 1920 dieser Tatsache Rechnung, indem er die Abgeordneten daran erinnerte, sie seien weder nur Türken, noch nur Tscherkessen oder Kurden, sondern Vertreter islamischer Bevölkerungsgruppen, die eine Solidargemeinschaft bildeten. Die Einheit, welche herzustellen man entschlossen sei, sei keine nur türkische, tscherkessische oder kurdische, sondern eine alle ethnischen Elemente umfassende islamische Einheit.

Als krasser Gegensatz dazu mußte die Politik der Istanbuler Regierung erscheinen, die im Friedensvertrag von Sèvres vom 10. August 1920 Ostanatolien an einen unabhängigen Staat Armenien, Südostanatolien an einen autonomen Staat Kurdistan, Thrakien und einen Großteil Westanatoliens an Griechenland abtrat, auf Mosul zugunsten Großbritanniens verzichtete, die Demilitarisierung der Meerengen hinnahm und Italien und Frankreich in den verbleibenden Gebieten Kleinasiens ausgedehnte Einflußsphären zugestand. Die Wirkung dieses Friedens auf die national gesinnten Kräfte des Landes war niederschmetternd. Alle Anstrengungen galten fortan der Revokation von Sèvres.

Die türkische Widerstandsbewegung weitete sich seit Sommer 1920 zu einem regelrechten Krieg an drei Fronten aus: An der Ostfront, wo der zahlenmäßig und qualitativ beste Teil der Truppen konzentriert war, hing die Entwicklung vom Zustand der türkisch-russischen Beziehungen ab. Die Kommunisten in Rußland, die 1920 an mehreren Fronten bedrängt wurden, erhofften von der kemalistischen Bewegung Unterstützung etwa bei der Bolschewisierung Aserbaidschans. Die Kemalisten rechneten ihrerseits mit Geld- und Waffenhilfe aus Rußland. Nur die unterschiedliche Einschätzung der armenischen Frage trübte dieses Verhältnis. Die Bolschewiki waren z.B. mit der Idee einer militärischen Aktion der Kemalisten gegen die Republik Armenien nicht einverstanden. Noch im Sommer 1920 bestanden sie auf der Einhaltung von Plebisziten in Türkisch-Armenien, Kurdistan, Lazistan und Batum. Die Regierung in Ankara dagegen verfolgte eine Art Realpolitik, indem sie den Sowjets die freie Benutzung der Meerengen anbot und ihnen außerdem versprach, die Interessen Moskaus in der islamischen Welt und unter den Turkvölkern Zentralasiens zu fördern. Als Gegenleistung erwartete man territoriale Konzessionen in bezug auf Kars und Ardahan.

Die Niederlage der Roten Armee in Polen im August 1920 und ihre Konzentration gegen die ›weiße‹ Armee Wrangels in der Ukraine im Oktober und November desselben Jahres stärkten die Position der Kemalisten im Kaukasus. Mustafa Kemal und vor allem Kâzım Karabekir, der Kommandeur der Truppen im Osten, konnten nun darangehen, Ostanatolien bis zur osmanisch-russischen Grenze von 1878 – dem Frieden von Sèvres zum Trotz – für die Türkei zu gewinnen. Die türkische Offensive begann am 28. September 1920. Das schwache Dashnak-Regime in Eriwan war nicht in der Lage, eine wirksame Verteidigung zu organisieren, und am 17. November mußten die Armenier die türkischen Bedingungen für einen Waffenstillstand akzeptieren. Die Friedensverhandlungen, die am 26. November begannen, drohten zu einer türkisch-sowjetischen Konfrontation zu führen, als am 29. November eine Sowjetrepublik Armenien ausgerufen wurde. Doch auch die neue SSR Armenien sah sich gezwungen, mit dem Vertrag von Gümrü (Alexandropol) vom 2. Dezember 1920 den Vertrag von Sèvres zu widerrufen. Die alte osmanische Grenze von 1878 wurde wiederhergestellt.

Die sowjetischen Befürchtungen hinsichtlich eines Arrangements der Kemalisten mit den Westmächten einerseits und die Einnahme von Batum durch die Türken im Februar 1921 andererseits schufen dann jene Bedingungen, die den Vertrag vom 16. März 1921 über ›Freundschaft und Bruderschaft‹ zwischen der Sowjetunion und der Regierung der türkischen Nationalbewegung ermöglichten. Die Sowjets bestätigten darin die schon in Brest-Litovsk erfolgte Abtretung der ostanatolischen Provinzen Kars, Ardahan und Artvin an die neue Türkei, verzichteten auf die Privilegien (z.B. Exterritorialrechte), die aufgrund historischer Konsularverträge (Kapitulationen) seit alters den Bürgern europäischer Staaten im Osmanischen Reich zustanden, und erkannten die Souveränität der Türkei über die Meerengen an.

Auch an der Südfront erzielten die Türken relativ früh einen spektakulären Erfolg. Seit Anfang 1920 war hier ein Guerillakampf zwischen den Nationalisten und den französisch-armenischen Truppen im Gange, der sich zunehmend zugunsten der ersteren entwickelte. Die Franzosen sahen sich gezwungen, mit der Vereinbarung von Ankara vom 21. Oktober 1921 den Kriegszustand mit der Regierung der Großen Nationalversammlung zu beenden. Sie verpflichteten sich, Kilikien zu räumen. Die Nordgrenze des französischen Mandatsgebiets in Syrien wurde, abgesehen vom Sandschak Alexandretta (Hatay), im Sinne des türkischen ›Nationalpaktes‹ festgelegt. Damit war der Vertrag von Sèvres von einem führenden Mitglied der Entente selbst aufgegeben worden.

Die Entwicklungen an der Westfront stellen den wichtigsten Abschnitt in der Geschichte des türkischen Unabhängigkeitskampfes dar. Die Griechen, die seit Frühjahr 1919 Izmir und dessen Hinterland besetzt hielten, starteten im Sommer 1920 eine Offensive, mit dem Ziel, die Widerstandsbewegung in Anatolien zur Annahme der schweren Friedensbedingungen zu zwingen. Gegen die schwachen Milizverbände der Türken konnten die Griechen rasch große Geländegewinne erzielen: Am 8. Juli 1920 wurde Bursa, die symbolträchtige erste Hauptstadt des Osmanischen Reiches, von ihnen eingenommen. Bis zum 27. Juli okkupierte die griechische Armee dann das türkische Ostthrakien bis vor die Tore Istanbuls. Von Ende Oktober 1920 an bedrohte der griechische Vormarsch westlich von Eskişehir die Eisenbahnverbindung zwischen Istanbul und Ankara.

In dieser kritischen Phase kam es zwischen den milizartigen ›nationalen Kräften‹, die den Widerstand an der Westfront bis dahin getragen hatten, und den regulären Heeresverbänden zu einem Konflikt mit weitreichenden sozialen und politischen Implikationen. Es standen sich hier zwei unvereinbare Prinzipien gegenüber: einerseits eine hierarchische Heeresstruktur nach preußischem Vorbild, die sich auf ein Berufsoffiziertum gründete, andererseits mehrere, locker aufgebaute Milizformationen, wie sie von ›Volksbefreiungskriegen‹ her bekannt sind. Mustafa Kemal und seine Offizierskollegen setzten sich durch: Bis zum Ende Dezember 1920 wurden die wichtigsten Formationen der ›nationalen Kräfte‹ – z. T. unter Einsatz von Waffengewalt – aufgelöst. Unter diesen Voraussetzungen waren die ersten Erfolge an der Westfront (die Gefechte bei İnönü im Januar und März 1921) nicht nur militärisch bedeutungsvoll, sondern sie stellten zugleich Bewährungsproben für das jungtürkische Offizierskorps dar, das sich hier national rehabilitierte.

Im Juli 1921 traten die Griechen zu ihrer großen Offensive an, und am 17. Juli brach die türkische Westfront zusammen. Die Führung faßte nun einen riskanten Beschluß und verlegte die Front bis zu einer Linie östlich des Sakarya-Flusses zurück. Vom 23. August an lieferten die Türken, die jetzt direkt von Mustafa Kemal kommandiert wurden, unweit von Ankara erbitterte Abwehrkämpfe, bis die griechische Armee gegen Mitte September den Rückzug antrat. Dieser Sieg, für den die Nationalversammlung Mustafa Kemal den Rang eines Generalfeldmarschalls und den – in den Augen der Muslime vielleicht noch wichtigeren – Ehrentitel eines *Gazi* (Glaubenskrieger) verlieh, brachte die Wende an der Westfront und bedeutete zugleich die Konsolidierung des kemalistischen Regimes.

Die sorgfältig vorbereitete Offensive des nächsten Sommers, die am 26. August 1922 einsetzte, entwickelte sich zu einem ›Blitzkrieg‹ und endete mit einem vollständigen Sieg, als die türkische Armee am 9. September in die ägäische Metropole Izmir einzog. Im Waffenstillstand von Mudanya (10. Oktober 1922) wurde vereinbart, daß die griechischen Truppen innerhalb von 15 Tagen auch Ostthrakien und die Besatzungstruppen der Ententemächte innerhalb von 30 Tagen die Meerengen zu räumen hatten.

3. Gründung der Republik, 1923

Im Herbst 1922 stand die Führung der türkischen Nationalbewegung trotz des glänzenden militärischen Erfolges gravierenden innenpolitischen Problemen gegenüber. Schon die Frage, ob das Land auf der künftigen Friedenskonferenz durch die Regierung der Nationalversammlung in Ankara, durch die des Sultan-Kalifen in Istanbul oder durch beide gemeinsam vertreten werden sollte, hatte präjudizierende Bedeutung für die künftige Form des Staates. Zwar war man sich in der Nationalversammlung darüber einig, daß Mehmed VI. sein hohes Amt mißbraucht, ja sogar Landesverrat begangen habe, doch plädierte eine Mehrheit, darunter auch Personen aus dem engsten Kreis Mustafa Kemals (Rauf, Refet u.a.), dafür, einen anderen Angehörigen der osmanischen Dynastie, etwa Abdülmecid Efendi, zum neuen Kalifen des Islam und Staatsoberhaupt der Türkei zu bestimmen. Eine jakobinisch denkende, neue Gruppierung um Mustafa Kemal dagegen betonte das Prinzip der Volkssouveränität. Hier warb man für die Idee einer islamischen Republik, die ohne einen Monarchen auskäme, für einen Kalifen aber, der – ähnlich dem Papst – nur als geistige Autorität aufzutreten hätte, durchaus Raum ließ. Aber trotz seines Prestiges konnte Mustafa Kemal in der Frage der Trennung des Kalifats vom Sultanat und der Abschaffung des letzteren keinen Konsens im Parlament erzielen. Die diesbezügliche Beschlußfassung vom 31.10./ 1.11.1922 kam letztlich auf ›revolutionärem‹ Wege zustande, und zwar erst, nachdem Mustafa Kemal die Möglichkeit eines Staatsstreichs angedeutet hatte.

Am 17. November 1922 verließ der letzte Sultan-Kalif an Bord eines britischen Kriegsschiffes Istanbul. Am nächsten Tag wählte die Nationalversammlung in Ankara seinen Vetter Abdülmecid Efendi zum neuen Kalifen.

Nun konnte das Land auf der Friedenskonferenz, die am 20. November 1922 in Lausanne eröffnet wurde, durch eine einheitliche Delegation Ankaras unter der Führung von İsmet Pascha vertreten werden. Es ging um die Revision von Sèvres. Daß das Territorium der Türkei, wie es im türkischen ›Nationalpakt‹ definiert war, in seinem anatolischen Hauptbestand nicht mehr zur Disposition stand, darüber war man sich von vornherein einig. Die Siegermächte des Weltkrieges setzten aber trotzdem ihre Interessen im großen und ganzen durch: So sollten die Meerengen – zwar unter türkischer Souveränität – entmilitarisiert und unter die Kontrolle eines internationalen Gremiums gestellt werden. Die Feststellung der Zugehörigkeit des *Vilayets* Mosul, gemäß dem ›Nationalpakt‹ türkisches Territorium, blieb im Sinne Großbritanniens einem Entscheid des Völkerbundes vorbehalten. Die Franzosen behielten den Sandschak Iskenderun (Alexandretta), dessen Besitz ähnlich umstritten war, in ihrem Mandatsgebiet Syrien, und die Italiener bestanden erfolgreich auf dem Besitz der Inselgruppe Dodekanes. Die übrigen der kleinasiatischen Küste vorgelagerten Inseln – mit Ausnahme von Imbros und Tenedos – gingen an

Griechenland, mit der Auflage, daß sie entmilitarisiert werden müßten.

Als wesentlich schwieriger erwies es sich, eine Übereinstimmung über die Aufhebung der Kapitulationen, die Rechte der christlichen Minderheiten sowie die Regelung der ökonomisch-finanziellen Angelegenheiten zu erzielen. Über diesen Fragen drohte die Konferenz sogar zu scheitern. Die Westmächte bestanden auf der Beibehaltung der Sonderrechte der Europäer und forderten außerdem für die christlichen Staatsbürger der Türkei einen Minderheitenstatus unter Aufsicht des Völkerbundes. Die Regierung von Ankara lehnte – auch unter Hinweis auf die Säkularisierungsabsichten des neuen Regimes – jede rechtliche Sonderstellung von Ausländern sowie eine externe Kontrolle über die Behandlung von christlichen Minderheiten prinzipiell ab. In bezug auf die deportierten bzw. geflüchteten Armenier betonte sie, diese könnten in der Türkei als türkische Staatsbürger leben, ohne daß irgendeine fremde Macht ein Protektorat über sie ausüben dürfe. Was die griechisch-orthodoxe Bevölkerung Kleinasiens betrifft, bestand Ankara erfolgreich auf ihrer Zwangsumsiedlung nach Griechenland im Austausch gegen die türkische Minderheit Griechisch-Makedoniens. Von irgendwelchen muslimischen Minderheiten auf türkischem Boden, etwa von den Kurden, war im endgültigen Vertragstext keine Rede mehr. Auch im ökonomisch-finanziellen Bereich gelang es Ankara, dem Prinzip der vollen Souveränität Anerkennung zu verschaffen.

Mit der Unterzeichnung des Friedensvertrages von Lausanne am 24. Juli 1923 fand die türkische Widerstandsbewegung gegen den Diktatsfrieden von Sèvres einen glanzvollen Abschluß. Aber unmittelbar nach dem großen Sieg traten die persönlichen Rivalitäten innerhalb der Führungselite zutage. Die Opposition rieb sich vor allem an dem gewandelten Führungsstil Mustafa Kemals selbst: Besonders die Art und Weise, wie er, nachdem er die Auflösung der Ersten Nationalversammlung im April 1923 erreicht hatte, die Umwandlung der ›Verteidigung der Rechte‹-Bewegung in eine ›Volkspartei‹ unter eigener Führung betrieb, wurde argwöhnisch beobachtet. Während der kurzen Wahlkampagne, in welcher Kritik am politischen Kurs Ankaras als Landesverrat galt, sorgte Mustafa Kemal dafür, daß kein einziger der ehemaligen oppositionellen Abgeordneten wieder dabei war, als die neue Nationalversammlung sich am 11. August 1923 konstituierte.

Am 11. September desselben Jahres wurde Mustafa Kemal zum Vorsitzenden der gerade gegründeten ›Volkspartei‹ (*Halk Fırkası*) gewählt, obwohl er bereits Vorsitzender der Nationalversammlung war. Mit Hilfe einer soliden Mehrheit im Parlament wurde nun eine Politik der vollendeten Tatsachen betrieben. Am 13. Oktober erklärte man Ankara, damals eine Kleinstadt mit etwa 25 000 Einwohnern, zur neuen Hauptstadt des Landes. Eine Regierungskrise am 27./28. Oktober diente Mustafa Kemal dann als Anlaß, am darauffolgenden Tag (29. Oktober 1923) die Verfassung ändern und die Republik ausrufen zu lassen. Am selben Tag wählte ihn die Nationalversammlung einstimmig zum ersten Präsidenten der Republik Türkei.

4. Abschaffung des Kalifats, 1924

Die alten Mitarbeiter Mustafa Kemals befürchteten nun die Errichtung einer Diktatur. Beunruhigend aus ihrer Sicht war nicht zuletzt die Tatsache, daß Mustafa Kemal, obwohl mittlerweile Präsident der Republik, darauf bestand, Vorsitzender der ›Volkspartei‹ zu bleiben. Ihnen schien das Amt des Kalifen ein mögliches Gegengewicht gegen eine zu stark gewordene Führergestalt Mustafa Kemal zu sein. Auch die liberale Öffentlichkeit betrachtete die Frage des Kalifats nicht so sehr unter dem Gesichtspunkt der Säkularisierung, als vielmehr vom Blickwinkel des politischen Pluralismus. Mustafa Kemal konnte zwar mit guten Gründen auf den Anachronismus hinweisen, der darin bestand, daß der Kalif zwar theoretisch Autorität über alle Muslime der Erde habe, dennoch allein von der Nationalversammlung der Republik Türkei gewählt werden sollte. Entscheidend waren aber auch für ihn innenpolitische Gesichtspunkte: Es war schließlich vorauszusehen, daß die wachsende Opposition gegen sein Regime früher oder später im Kalifat eine Stütze suchen und höchstwahrscheinlich auch finden würde.

So ging Mustafa Kemal im Frühjahr 1924 daran, nach dem Sultanat auch das Kalifat abzuschaffen. Die Nationalversammlung verabschiedete am 3. März 1924 je ein Gesetz über die

Abschaffung des Kalifats, die Auflösung des Ministeriums der frommen Stiftungen sowie die Vereinheitlichung der Schulbildung (*Tevhid-i Tedrisat*). Die Abschaffung des Kalifats – ohne Zweifel der Kern der kemalistischen Revolution – bedeutete in der Reformbewegung, wie sie sich im Osmanischen Reich seit dem frühen 19. Jahrhundert entwickelt hatte, eine qualitative Zäsur. Von nun an war man bemüht, die Werte der abendländischen Aufklärung in Form einer Kulturrevolution von oben und hauptsächlich mit administrativen Mitteln einer muslimischen Bevölkerung einzuimpfen. Der Islam wurde zwar auch in der am 20. April 1924 angenommenen neuen Verfassung als Staatsreligion bezeichnet, jedoch betrieb der Staat bereits eine neue Religionspolitik, indem offiziell ein aufgeklärter Islam als Kennzeichen des wahren Türkentums propagiert wurde.

Die Formierung einer politischen Opposition im Laufe des Jahres 1924 gegen die offensichtlichen Tendenzen der Monopolisierung der Macht im Staat ist im Lichte obiger Entwicklungen zu sehen. Die Opposition richtete sich nicht zuletzt gegen den Ministerpräsidenten İsmet Pascha, dessen autoritärer Bürokratismus auch in der eigenen Partei umstritten war. Daher verließen einige der hohen Militärs und ehemaligen Gefährten Mustafa Kemals – Kâzım Karabekir, Ali Fuat, Refet, Rauf – am 9. November 1924 aus Protest die Volkspartei und gründeten am 17. desselben Monats eine neue politische Gruppierung unter der Bezeichnung ›Fortschrittliche Republikanische Partei‹ (FRP). Diese begriff sich als liberal und prowestlich und ließ bald erkennen, daß sie die Abschaffung des Kalifats für einen Fehler hielt.

Mustafa Kemal konnte sich mit der Idee einer oppositionellen Partei von Anfang an nicht anfreunden. Er war allerdings Realist genug, um einzusehen, daß die Opposition beschwichtigt werden mußte. Besorgt war er vor allem über die Gefahr einer islamistischen Gegenbewegung. Schon am 21. November 1924 entließ er daher die unpopuläre Regierung İsmet Pascha.

Die befürchtete Reaktion auf die Abschaffung des Kalifats trat im Februar 1925 in Gestalt eines kurdischen Aufstandes im Südosten des Landes in Erscheinung, der von einem muslimischen Geistlichen, einem gewissen Scheich Said, angeführt wurde. Die Ziele der Aufständischen, die offensichtlich mit Anhängern des abgesetzten Sultans ebenso wie mit britischen Stellen in Irak – der anglo-türkische Konflikt über den Besitz von Mosul spitzte sich damals zu – in Verbindung standen, hatten einen restaurativen Charakter. Dennoch dürfen die nationalpolitischen Implikationen dieses Ereignisses nicht unterschätzt werden, war doch mit der Abschaffung des Kalifats die Koalition der Kräfte, die den Unabhängigkeitskampf getragen hatte, endgültig auseinandergefallen. Ohne den Kalifen, der die gemeinsame, übernationale Tradition des Islam symbolisierte, erschien die neue Republik als ein Nationalstaat in erster Linie des ethnisch-türkischen Elements.

Der Aufstand im Südosten, der schon Ende Mai 1925 unterdrückt werden konnte, diente der Regierung in Ankara als Anlaß, mit der politischen Opposition abzurechnen. Anfang März 1925 wurde ein ›Gesetz betreff Öffentliche Ruhe‹ verabschiedet. Zwei außerordentliche Gerichte, die ›Unabhängigkeitstribunale‹, nahmen in Ankara und im Aufstandsgebiet ihre Arbeit auf. Mit dem Aufstand im Osten wurde auch die freie Presse im Westen unterdrückt; viele bekannte Schriftsteller wurden in entlegene Orte des Landes verbannt. Am 3. Juni 1925 wurde schließlich – knapp sechs Monate nach ihrer Gründung – auch die FRP verboten.

Unter Anwendung von Notstandsmaßnahmen hatte Mustafa Kemal im Sommer des Jahres 1925 die Opposition zwar mundtot gemacht, aber doch noch nicht völlig ausgeschaltet. Die ehemaligen Jungtürken waren ebenso wie die Mitglieder der inzwischen verbotenen FRP – von den Anhängern des Sultanats und Kalifats ganz zu schweigen – noch immer potentielle Gegner. Hinzu kam die tiefe Unzufriedenheit der Bevölkerung mit der allgemeinen Lage unmittelbar nach Ende der langen Kriegsperiode.

In dieser Situation wurde im Juni 1926 in Izmir eine Verschwörung auf das Leben des Staatspräsidenten aufgedeckt. Aber obwohl alle Beteiligten einschließlich des Rädelsführers – ein ehemaliger Jungtürke – gefaßt wurden, ging das Sondergericht in Izmir nicht nur gegen die unmittelbar Schuldigen, sondern auch gegen viele Unbeteiligte aus den Reihen der politischen Opposition vor. Neben Vertretern der Jungtürken hatte man auch die Gründer der verbotenen FRP verhaften lassen: Mit Ali Fuad, Kâzım Karabekir, Refet, Cafer Tayyar und Bekir

Sami wurde also ein beachtlicher Teil der Führungskader der erst wenige Jahre alten Unabhängigkeitsbewegung der Verschwörung gegen den Republikgründer beschuldigt.

Die öffentliche Meinung reagierte wie gelähmt. Etwa 13 Personen wurden zu Tode verurteilt und sofort hingerichtet. Nur die Generäle – die Führer des Befreiungskampfes – mußte man sämtlich freilassen, weil es in den Streitkräften zu gären begann. Sie sollten aber bis zum Tode Mustafa Kemal Atatürks im Jahre 1938 im politischen Leben der Türkei kaum noch eine Rolle spielen. Nach weiteren Todesurteilen in Ankara (Expremier Rauf erhielt lediglich eine Gefängnisstrafe) war die Opposition dann im Herbst 1926 für längere Zeit ausgeschaltet.

5. Kemalistische Reformen, 1924/28

Die modernisierenden Reformen in der Türkei in den 20er Jahren sind vor dem Hintergrund der geschilderten Entwicklungen zu bewerten. Interessanterweise betraf die erste Reform Mustafa Kemals einen vermeintlich sehr oberflächlichen Aspekt des Alltagslebens, die Kopfbedeckung der anatolischen Bevölkerung. Gerade als die Sondergerichte gegen die Kritiker des neuen Regimes vorgingen, überraschte Mustafa Kemal im Sommer 1925 die Öffentlichkeit damit, daß er eine neue Kopfbedekkung für das Volk anordnete. Er handelte dabei wohl im Bewußtsein dessen, daß es kaum ein geeigneteres Symbol zur Demonstration seines Erneuerungswillens gab, als die Abschaffung der tradierten Kopfbedeckung. Schon seine erste ›Hutrede‹ am 23. August 1925 enthielt eine Warnung: Die Zivilisation sei ein derart starkes Feuer, daß es all diejenigen vernichten würde, die sich ihr gegenüber indifferent verhielten. Eine Woche später wurde er noch deutlicher: Die türkische Republik könne nicht ein Land von Scheichen, Derwischen, Novizen und sonstigen Ordensleuten sein. In diesen Äußerungen kommt die eigentliche Zielsetzung der Reformen Mustafa Kemals zum Ausdruck: Es ging um die Zerstörung der alten Herrschaftsstrukturen, um die Entmachtung der traditionellen Machteliten, um die Diskreditierung der überkommenen Muster der politischen Legitimation.

Schon Anfang September 1925 ordnete die Regierung die Schließung der Derwischkonvente an. Die Religionsgeistlichen sollten sich ab sofort nur noch in Zivilkleidung in der Öffentlichkeit zeigen. Anfang November 1925 erklärte der ›Direktor für Religionsangelegenheiten‹ in Ankara westliche Kleidung für ›islamkomform‹. Gleichsam als eine flankierende Maßnahme wurden Ende November desselben Jahres in Erzurum 13 Personen, die gegen die neue Kopfbedeckung zu demonstrieren gewagt hatten, zum Tode verurteilt. Und am Neujahrstag 1926 führte Ankara per Gesetz das internationale Kalender- und Uhrzeitsystem und die Jahreszählung nach Christi Geburt ein.

Ein wesentlich bedeutenderer Säkularisierungsschritt war die Einführung eines Zivilgesetzbuches am 4. Oktober 1926. Seit der Jungtürkenzeit gab es Bestrebungen, das Eherecht, das traditionell je nach Religionszugehörigkeit unterschiedlich gehandhabt wurde, für alle Staatsbürger zu vereinheitlichen. Der Widerstand dagegen kam hauptsächlich von jenen nichtmuslimischen Gemeinschaften, die die Ehe als ein Sakrament betrachteten. Unter diesen Umständen war es aber für den Staat nicht leicht, eine standesamtliche Erfassung der Bevölkerung zu erreichen. Auch im Friedensvertrag von Lausanne mußte sich die türkische Regierung dazu verpflichten, das Eherecht gemäß den Traditionen der nichtmuslimischen Minderheiten unter Aufsicht des Völkerbundes zu regeln. Nicht zuletzt um diesen Vorwand der Einmischung von außen zu beseitigen, war die vollständige Verbürgerlichung der Institution Ehe eine Notwendigkeit. Bei der Wahl eines geeigneten Zivilgesetzbuches entschied man sich für das schweizerische, das aus dem Jahre 1907 datierte. Eine Kommission überwachte seit September 1924 dessen Übertragung ins Türkische. Im Schnellverfahren wurde dann das neue Recht im Plenum der Nationalversammlung am 15.–17. Februar 1926 diskutiert und angenommen. Fortan galten Ehen, die nur in religiöser Form geschlossen wurden, als rechtlich unwirksam. Die Polygamie wurde zum öffentlichrechtlichen Ehehindernis deklariert.

Die Einführung der lateinischen Schrift im November 1928, die den Höhepunkt der kemalistischen Reform im kulturpolitischen Bereich markiert, steht in engem Zusammenhang mit dem allgemeinen Prozeß der Säkularisierung. Auch hier reichen die Anfänge der Erneuerung auf die Zeit der *Tanzimat* und besonders die der Jungtürken zurück. Schon damals hatte man erkannt, daß eine leicht verständliche Sprache die unverzichtbare Voraussetzung für die gesellschaftlich-politische Kommunikation war. Die öffentliche Schulbildung, der allgemeine Militärdienst sowie das moderne Pressewesen verhalfen mit der Zeit dem gesprochenen Türkisch des einfachen Volkes gegenüber der Elitesprache des Osmanisch-Türkischen zu einem neuen Status. Die Erlernbarkeit der Schrift erwies sich in diesem Zusammenhang als ein besonders wichtiger Aspekt. Zur leichteren Alphabetisierung der Rekruten während des Ersten Weltkrieges planten die Jungtürken denn auch eine Schriftreform, die im Kern auf eine möglichst phonetische Wiedergabe der türkischen Vokale mit arabischen Schriftzeichen hinauslief.

Neben solchen eher pragmatischen Gesichtspunkten ist bei Mustafa Kemal auch die ideologische Zielsetzung der Schriftreform nicht zu unterschätzen. Intendiert war hier nichts weniger als eine vollständige Abwendung von der islamischen Klassik ebenso wie von den politischen Einflüssen aus der spätosmanischen Zeit. Ein Überblick über die einzelnen Reformschritte der Jahre 1928–29 bekräftigt diesen Eindruck: Im April 1928 wurde die Erwähnung des Islam als Staatsreligion aus der Verfassung entfernt. Einen Monat später führte man das international gebräuchliche Ziffernsystem ein. Im Juni desselben Jahres erhielt eine Kommission an der Theologischen Fakultät der Universität Istanbul den Auftrag, Vorschläge für eine Reform der islamischen Gebetsformen auszuarbeiten, mit dem Ziel, Türkisch als Gebetssprache anstelle des Arabischen einzuführen. Parallel dazu ging eine Sprachkommission in Ankara daran, das neue türkische Alphabet vorzubereiten. Am 1. November 1928 folgte dann die Verabschiedung jenes Gesetzes, das die lateinische Schrift anstelle der arabischen einführte. Freilich war die überwältigende Mehrheit des Volkes auch nicht in der alten Schrift lese- und schreibkundig. Daher wurden die nun folgenden aufwendigen Alphabetisierungsmaßnahmen, die auch die ländlichen Bevölkerungsschichten erreichten, mit großem Engagement im Zeichen einer politisch-kulturellen Aufklärung durchgeführt. Gleichsam als eine letzte Akzentuierung der bewußtseinsmäßigen Ausblendung des islamisch-osmanischen Erbes erfolgte Anfang September 1929 die Aufhebung des Arabisch- und Persischunterrichts an den Schulen des Landes.

II. Kapitel: Das kemalistische Entwicklungsmodell, 1929–1939

Die geschilderten Reformschritte wurden buchstäblich am Vorabend der Weltwirtschaftskrise der 30er Jahre unternommen, mit der sich auch in der Türkei die Rahmenbedingungen der Politik schlagartig verschlechterten – das gesamte Reformvorhaben schien gefährdet. Doch der Zwang, die Lage irgendwie zu meistern, implizierte die Anwendung auch unkonventioneller Methoden, was von der bürokratischen Elite zuweilen sogar als Chance gesehen wurde.

1. Wirtschaftspolitische Kontinuität

Im Bereich der Wirtschaftspolitik hatte die junge Republik bis dahin Kontinuität bewahrt. Man hatte, wie die Jungtürken während des Weltkrieges, im Sinne einer ›Nationalökonomie‹ Friedrich Listscher Provenienz gehandelt, deren Richtlinien auf dem ersten ›Alltürkischen Wirtschaftskongreß‹ im Februar-März 1923 in Izmir vereinbart worden waren. Im Kern ging es um die Förderung der einheimischen Unternehmer, sei es durch hohe Schutzzölle, sei es durch verschiedene steuerrechtliche Erleichterungen. Als Ziel wurde die rasche infrastrukturelle Erschließung und Industrialisierung des Landes anvisiert. Unter gesellschaftlich-politischem Aspekt liefen alle Förderungsmaßnahmen auf die Heranbildung einer nationalen Bourgeoisie hinaus.

Allerdings war es der Türkei auf der Friedenskonferenz von Lausanne nicht gelungen, ihre ökonomischen Interessen vollständig durchzusetzen. So waren zwar die berüchtigten Kapitulationen abgeschafft worden, in einem separaten Abkommen aber mußte die Türkei einer Reihe von Staaten erhebliche Handelsvorteile einräumen: Die Importwaren aus Frankreich, Italien, Japan, Griechenland, Rumänien, Jugoslawien sowie dem Britischen Empire sollten bis 1929 lediglich den osmanischen Gewichtszöllen von 1916 unterworfen bleiben, und die Türkei sollte in dieser Zeit den Außenhandel in keiner Form reglementieren dürfen. Das Land war demnach in den 20er Jahren de facto eine Freihandelszone der Weltwirtschaft.

Dennoch fand der Staat Mittel und Wege, die ungünstigen Zoll- und Steuerbestimmungen des Friedensvertrages zu umgehen. Wichtige Bereiche der Produktion und des Handels wurden unter Staatsmonopol gestellt. Dazu gehörten der Betrieb größerer Hafenanlagen, die Herstellung von Streichhölzern und Feuersteinen, die Produktion von Alkohol und alkoholischen Getränken und vor allem die Einfuhr von Erdölprodukten. Aber die Monopole in diesen Bereichen wurden, einmal etabliert, schon bald wieder an private Gesellschaften übertragen, an denen oft Personen aus der hohen Politik beteiligt waren. Und da diese Monopole ihre Produkte und Dienstleistungen zu Höchstpreisen verkauften, war somit für lukrative Gewinne für die sich formierende Nationalbourgeoisie gesorgt.

Eine solche Politik trug nicht nur der Kapitalarmut des Landes, sondern auch den fehlenden unternehmerischen Traditionen der Bevölkerung Rechnung. Die Vertreibung der Armenier und der Zwangsaustausch der griechisch-orthodoxen Bevölkerung gegen die Muslime Nordgriechenlands hatten zwar die Aufstiegschancen der muslimischen Unternehmer verbessert, andererseits aber war dem Land dadurch ein Großteil seiner Gewerbetreibenden und der technisch qualifizierten Bevölkerungsgruppen verlorengegangen.

Die große Masse der Bevölkerung (rund 80%) lebte auf dem Lande und von der Landwirtschaft. Bei einer Einwohnerzahl von etwa 13,6 Millionen im Jahre 1927 und einem Territorium von ca. 758 000 qkm hatte die Türkei eine sehr niedrige Bevölkerungsdichte: 18 Personen pro qkm. Folglich herrschte kein Mangel an unbestelltem Land. Relativer Mangel machte sich dagegen im Bereich von Arbeitskraft und Zugmittel bemerkbar. Der Staat versuchte, durch eine Agrarunterstützungspolitik der Produktion zum Aufschwung zu verhelfen. Diese Politik war jedoch weniger auf Intensivierung denn auf Extensivierung der Landwirtschaft ausgerichtet.

Vielleicht der wichtigste Anreiz zur Erweiterung der Flächen war die Abschaffung des Naturalzehnten im Jahre 1925, verbunden mit der Subventionierung der Weizenpreise. Bedenkt man, daß die Zehnteinnahmen etwa ein Fünftel aller Steuereinkünfte des Staates ausgemacht hatten, so wird deutlich, welchen Umfang die Einkommensumschichtung zugunsten des Agrarsektors hatte. Zu berücksichtigen ist ferner, daß der Staat durch neue indirekte Steuern den Verlust an Steuereinkünften auszugleichen trachtete, die indirekten Steuern aber überproportional die städtische Bevölkerung trafen.

Eine flankierende Unterstützung für den Aufschwung im Agrarbereich erhoffte man sich vom zügigen Ausbau des Transportwesens. Die Türkei besaß 1923 etwa 3 500 Eisenbahn-Kilometer. Zwischen 1924 und 1928 wurden neue Strecken mit einer Gesamtlänge von 2 000 km geplant, von denen im Jahre 1929 etwa die Hälfte fertiggestellt war. Noch 1924 war der Transport einer Tonne Getreide von New York nach Istanbul billiger als von Ankara nach Istanbul. Aber in den 20er Jahren führte die Regierung Differentialtarife ein, die den Transport von Agrarprodukten begünstigten, und infolgedessen ging die Einfuhr von Getreide zurück. Insgesamt läßt sich konstatieren, daß die Agrarproduktion in den Jahren 1923 bis 1929 um 115% zunahm, während die entsprechenden Zahlen für die Industrie 56% und für den Handel 71% lauten.

2. Weltwirtschaftskrise als Agrarkrise

Gemeinhin wird die Weltwirtschaftskrise am Ende der 20er Jahre als Mißgeschick für die entwickelten Industrieländer gesehen. Daß die nichtindustrialisierten Agrarländer von der Krise ebenso hart getroffen waren, wird selten wahrgenommen. Die Türkei jedenfalls sah sich 1929 in einer Krise, welche die Errungenschaften der Republik zunichte zu machen drohte.

Die Zahlungsbilanz des Landes war aus mehreren Gründen bereits stark belastet: Die Importe nahmen gerade in den ersten drei Quartalen des Jahres 1929 enorm zu, denn im letzten Quartal sollten jene Bestimmungen des Friedensvertrages auslaufen, welche die Zollhoheit der Türkei einschränkten, und die Regierung hatte die Einführung hoher Schutzzölle schon angekündigt. Daneben hatte die Staatskasse rund eine Million Pfund Sterling als Jahreszahlung an die kürzlich verstaatlichten Gesellschaften aufzubringen. (Mit einem Gesetz vom Januar 1928 waren die Anatolische Eisenbahn, die Linie Mersin-Tarsus-Adana sowie die Hafenanlagen von Haydarpaşa in Istanbul nationalisiert worden.) Ferner hatte die türkische Regierung ausgerechnet im Krisenjahr 1929 die erste Rate der konsolidierten osmanischen Staatsschuld – £1.818.000 – zu zahlen. Unter diesen Umständen machten sich bereits im Mai 1929 Anzeichen einer Währungskrise bemerkbar, der Kurs des türkischen Pfundes begann zu fallen. Die Regierung mußte gegen Ende des Jahres Maßnahmen zum Schutz der nationalen Währung ergreifen, die das Ende des freien Devisenverkehrs bedeuteten. Bezeichnend für die Lage war die Gründung eines ›Vereins für Nationale Ökonomie und Sparsamkeit‹ unter der Schirmherrschaft des Staatspräsidenten Mustafa Kemal im Dezember 1929.

Die Türkei erlebte die Krise primär als Agrarkrise, verursacht durch den globalen Verfall der Getreidepreise. Infolgedessen war die bäuerliche Bevölkerung, die überwältigende Mehrheit des Volkes, besonders hart betroffen. Die viel gepriesene Abschaffung des Naturalzehnts im Jahre 1925 wirkte sich nun eher nachteilig aus: Während Getreide auf dem Markt nichts wert war, mußten die Bauern die Steuern – statt wie früher in Naturalien – mit ihren knappen Barmitteln entrichten. Sie erfuhren dabei von staatlicher Seite wenig Entgegenkommen. Denn die Regierung hatte die spärlichen Ressourcen des Landes anderweitig festgelegt: Öffentliche Mittel wurden nicht nur zur Unterstützung ›nationaler‹ Firmen benötigt, auch der mit viel Aufwand betriebene Ausbau von Ankara zu einer repräsentativen Hauptstadt trug zur Passivierung der Bilanzen bei. Wie erwähnt, war man lediglich im Bereich des Eisenbahnbaus einigermaßen erfolgreich. Die neugebauten Strecken bedeuteten allerdings, daß das wenige vorhandene Kapital unwiderruflich gebunden war.

3. Etatistische Krisenbewältigung

In dieser Situation schlug die Staatsführung einen Kurs der wirtschaftlichen Autarkie ein. Man begann, nach geeigneten Methoden zu suchen, um die Importe zu senken und die einheimische Produktion anzukurbeln. Auch im theoretischen Bereich fand in den frühen 30er Jahren eine lebhafte Diskussion statt, am engagiertesten in der Zeitschrift *Kadro* (Kader). Hier ging man davon aus, daß sich die Türkei in einer tiefgreifenden Umwälzung (*inkılâb*) befand – verwendet wurde auch der Begriff ›permanente Revolution‹, die geführt und repräsentiert werde von einer kleinen aber zielbewußten Avantgarde, einem fortschrittlichen ›Kader‹. Man gedachte, einen ›dritten Weg‹ zwischen Kapitalismus und Sozialismus einzuschlagen. Eine Entwicklungspolitik, welche die Kapitalakkumulation auf klassische Art und Weise, nämlich durch freie Konkurrenz individueller Kapitaleigner im Rahmen einer liberalen Wirtschaftsordnung, zu realisieren trachte, komme für die Türkei aus historischen Gründen nicht in Betracht. So müsse es Aufgabe des Staates sein, die Akkumulation des Kapitals im Interesse der gesamten Nation zu organisieren. In diesem Prozeß gebe es keinen Platz für einen Klassenkampf. Auch den populistischen Grundsatz der Republik müsse man so auffassen, daß die Führungselite imstande sei, die Interessen der Nation gegebenenfalls auch gegen den Willen der Nation durchzusetzen.

Dieses autoritäre Staatskonzept wies gewisse Ähnlichkeiten sowohl mit dem Stalinismus in der Sowjetunion als auch mit dem Faschismus Mussolinis in Italien auf – Gemeinsamkeiten, die den kritischen Zeitgenossen durchaus bewußt waren. Obwohl die Staatsführung den Vorstellungen der ›Kaderisten‹ nicht unbedingt feindlich gegenüberstand, versuchte man zunächst, der Krise durch eine Erweiterung der Legitimationsbasis des Regimes zu begegnen: Mustafa Kemal regte im Frühsommer 1930 die Gründung einer zweiten politischen Partei an. Von Personen aus seinem engeren Freundeskreis geführt, sollte die ›Liberale Republikanische Partei‹ freilich nicht die Aufgabe haben, das bisherige Regierungsmonopol der ›Republikanischen Volkspartei‹ in Frage zu stellen, sondern war offensichtlich als Ventil gedacht, um die angestaute Unzufriedenheit abbauen zu helfen. In ihrem Programm verlangten die Liberalen die Reduzierung von Steuern, eine Verlangsamung des Tempos im Eisenbahnbau, die Gewährung von besseren Konditionen für das Auslandskapital, die Erhöhung der Agrarkredite sowie einen bürgernahen öffentlichen Dienst. Sie erklärten sich entschieden gegen staatliche Einmischung im Wirtschaftsleben und somit auch gegen Staatsmonopole.

Gegenüber dieser liberalen Position versuchte sich die kemalistische Regierungspartei als ›etatistisch‹ zu profilieren. Ministerpräsident İsmet Paşa rechtfertigte die hohen Ausgaben für die infrastrukturelle Erschließung des Landes mit dem Argument, daß Eisenbahnen nicht rein ökonomische, sondern auch sozialpolitische Investitionen des Staates darstellten. Im übrigen sei der Liberalismus eine für die Türken schwer verständliche Theorie. Seine Regierung verfolge daher eine gemäßigt etatistische (*mutedil devletçi*) Wirtschaftspolitik, die den Erfordernissen der Stunde wie auch der Mentalität der Bevölkerung besser entspreche.

İsmet Paşa sollte sich jedoch vor allem bezüglich der Mentalität der Bevölkerung gründlich geirrt haben. Als der Führer der Liberalen, Fethi Bey, Anfang September 1930 Izmir besuchte, wurde er von einer begeisterten Menge mit Zurufen wie ›Befreie uns!‹ empfangen; dabei kam es auch zu Zusammenstößen mit der Polizei. Einen solchen Zulauf zur Opposition hatte niemand unter den Regierenden in Ankara erwartet; sogar die Gründer der neuen Partei waren von ihrem eigenen Erfolg überrascht und sahen sich dadurch in eine unangenehme Lage versetzt. Denn eine aussichtsreiche Opposition gegen die Staatspartei lief Gefahr, als Reaktion gegen die Errungenschaften der Republik gedeutet zu werden. Ungewollt in eine vermeintlich antireformerische Position hineingedrängt, sah sie sich tatsächlich bereits am 17. November 1930 genötigt, ihre Liberale Republikanische Partei, die gerade 99 Tage alt war, aufzulösen. Kritik in der Türkei hatte nunmehr wenig Chancen Gehör zu finden; sowohl die Medien als auch die wissenschaftlichen und kulturellen Institutionen des Landes wurden bald gleichgeschaltet und die Bevölkerung, besonders die Jugend, einer ideologischen Umerziehung unterzogen.

4. Nationale Mobilisierung im Zeichen des Kemalismus

Nach seinem unerfreulichen Experiment mit der Liberalen Partei reiste Mustafa Kemal monatelang durch das Land, um die Gründe für die Unzufriedenheit im Volk aus erster Hand zu erfahren. Während dieser Reisen wurden wirtschaftliche wie gesellschaftlich-politische Grundsätze formuliert, die dann im Mai 1931 als Hauptpunkte in das Programm der Republikanischen Volkspartei eingingen. Es handelt sich hierbei um die sechs Prinzipien des Kemalismus, symbolisiert durch sechs Pfeile: Nationalismus, Republikanismus, Populismus, Laizismus, Etatismus sowie Reformismus bzw. Revolutionismus. Diese Prinzipien fanden später Eingang auch in die Verfassung der Republik und dienten so zur Identifizierung der einzigen politischen Partei mit dem Staat.

Der Schulbildung und dabei besonders dem Geschichtsunterricht kam in diesem Rahmen große Bedeutung zu. Mustafa Kemal lag viel daran, Geschichtsauffassung und Geschichtskultur in der Türkei von Grund auf zu erneuern. Daher erhielt eine Historikerkommission 1930 den Auftrag, ein neues Lehrbuch über die ›Grundlinien der türkischen Geschichte‹ zu verfassen. Das Ziel war, ›die große türkische Nation, die jahrhundertelang verleumdet und deren großer Beitrag zu den frühesten Zivilisationen der Geschichte geleugnet wurde, an ihre ruhmreiche Vergangenheit zu erinnern.‹ Im Jahre 1931 wurde die ›Gesellschaft zum Studium der türkischen Geschichte‹ gegründet, und der erste türkische Historikerkongreß, der 1932 zusammentraf, setzte sich mit verschiedenen Problemen der neuen ›türkischen Geschichtsthese‹ auseinander.

Diese These läßt sich folgendermaßen zusammenfassen: (1) Zentralasien ist die Wiege aller Zivilisation; (2) die Türken sind ein altes Volk, das seinen Ursprung in Zentralasien hat; (3) nicht zuletzt infolge klimatischer Veränderungen begannen die Türken schon in prähistorischer Zeit, ihre Heimat zu verlassen, und trugen damit ihre zentralasiatische Zivilisation in alle Erdteile hinein; (4) die ältesten Bewohner Anatoliens waren ebenfalls aus Zentralasien gekommen; (5) somit sind die heutigen Türken höchstwahrscheinlich mit ihnen verwandt.

Diese neue These bedeutete in der Praxis eine Akzentverschiebung in zwei Richtungen: auf die vorislamische Periode der türkischen Geschichte und auf die Republikzeit. Die akademische Geschichtsforschung trug der neuen Entwicklung Rechnung, indem sie den türkischen Charakter der seldschukischen wie der osmanischen Staatsgründung betonte. Dennoch konnte die Fachhistorie keineswegs mit allen Aspekten der nationalen Geschichtsinterpretation einverstanden sein. Einige Historiker

(Fuat Köprülü u. a.) hielten sich mit Kritik nicht zurück, und an der Universität Istanbul wurde weiterhin konventionelle Forschung betrieben. Aber die neue Geschichtsthese war ohnehin in erster Linie auf den Geschichtsunterricht in den Schulen gemünzt. Während dort der Islam und das Osmanische Reich erheblich weniger als früher berücksichtigt wurden, mußten Schüler die Geschichte der Sumerer, Hethiter oder alten Ägypter lernen. Im Vordergrund stand jedoch die erst zehnjährige Geschichte der Republik, beherrscht von der übergroßen Persönlichkeit Mustafa Kemal Atatürks.

Diese kemalistische Geschichtskonstruktion fand ihr Pendant in einer neuen Sprachthese, der ›Theorie der Sonnensprache‹ (*güneş dil teorisi*). Es wurde behauptet, die türkische Sprache sei die Ursprache aller Völker. Um diese merkwürdige These wissenschaftlich zu untermauern, wurde 1932 die ›Türkische Gesellschaft für Sprache‹ (*Türk Dil Kurumu*) gegründet. Gleichzeitig begann man, die nationale Sprache von fremden Elementen zu säubern. Die Jugend, die nunmehr lediglich das lateinische Alphabet kannte und daher nicht in der Lage war, die vor 1928 gedruckten Bücher zu lesen, war auch sprachlich bald außerstande, die klassischen Werke der eigenen Literatur zu verstehen. Sogar die berühmte Rede Mustafa Kemals aus dem Jahre 1927 mußte sprachlich überarbeitet und teilweise ins Neutürkische übersetzt werden.

Die ideologische ›Mobilmachung‹ ließ auch die Möglichkeiten der Erwachsenenbildung nicht ungenutzt. Seit 1931 wurden – inspiriert von italienischen Vorbildern – in allen wichtigeren Ortschaften ›Volkshäuser‹ eröffnet, die als Zentren der kulturellen Aufklärung ebenso wie der politischen Sozialisation fungierten. Dem Ziel der raschen Alphabetisierung der Landbevölkerung dienten neuartige Lehrerbildungsanstalten, die sog. Dorfinstitute.

Alle diese Anstrengungen hatten sicherlich auch eine humanistisch gemeinte Aufklärung zum Ziel, jedenfalls stellten sie einen beachtlichen Beitrag zur Modernisierung Anatoliens dar. Die sozioökonomischen Strukturen blieben freilich davon unberührt. Die Lasten der etatistischen Entwicklungpolitik der 30er Jahre wurden vielmehr einer Bevölkerung aufgebürdet, die im politischen Leben des Landes nichts zu sagen hatte und auch kulturellen Reformbemühungen gegenüber eher gleichgültig war.

5. Übergang zur Planwirtschaft

Die umfassende Industrialisierung der Türkei war das Hauptziel des kemalistischen Entwicklungsmodells, jedoch gab es in der Staatselite unterschiedliche Meinungen über die Methoden, mit denen dieses Ziel erreicht werden sollte: Es gab einen doktrinären Etatismus der Bürokratie und einen pragmatischen Etatismus der nationalen Bourgeoisie, die den staatlichen Dirigismus für ihre eigenen, ganz anders ausgerichteten Ziele brauchte und forderte. Die Wirtschaftspolitik aller türkischen Regierungen von der Weltwirtschaftskrise bis Ende der 70er Jahre stand im Spannungsfeld dieser beiden Positionen. Für die 30er Jahre läßt sich die Entwicklung wie folgt periodisieren:

Die Jahre 1930–31 bilden eine Phase rein protektionistischer Maßnahmen. Der Staat war bestrebt, den Außenhandel und besonders die Devisenwirtschaft zu kontrollieren. So wurde im Juni 1930 eine zentrale Emissionsbank (*Merkez Bankası*) gegründet, mit dem Auftrag, Maßnahmen zur Überwachung von Währungstransaktionen zu ergreifen. Ein ›Gesetz zum Schutz der türkischen Währung‹ (*Türk parasının kıymetini koruma kanunu*) verschaffte der Regierung alle diesbezüglichen Befugnisse. Im Jahre 1931 begann man auch mit der Quotenfestsetzung für Importe. Als Folge davon stabilisierte sich die nationale Währung, und der Außenhandel begann, eine positive Bilanz aufzuweisen. Das System der Kompensationsgeschäfte setzte sich durch und kam der türkischen Wirtschaft in vieler Hinsicht zugute. Allerdings rief der Verfall der Getreidepreise – zwischen 1929 und 1932 immerhin um 68% – heftige Erschütterungen hervor.

Im Jahre 1932 setzte eine weiterhin protektionistische, jedoch zusätzlich staatskapitalistische (etatistische) Wirtschaftspolitik ein, die in der Gründung der staatlichen Gesellschaft ›Industrieamt und Industriekreditbank‹ (*Sanayi Ofisi ve Sanayi Kredi Bankası*) im Jahre 1932 einen Höhepunkt fand. Ministerpräsident İsmet Paşa und sein Wirtschaftsminister Mustafa Şeref waren die treibenden Kräfte hinter diesem Projekt, das die Tendenzen des doktrinären Flügels des Etatismus widerspiegelte. Staatspräsident Mustafa Kemal selbst empfand jedoch Unbehagen über den in Aussicht gestellten rigorosen Dirigismus, und die sich damals allmählich formierende Geschäftswelt um die *İş-Bankası* (Geschäftsbank) war erst recht zutiefst beunruhigt. Auf die Intervention Mustafa Kemals hin mußte am 8. September 1932 der Wirtschaftsminister Mustafa Şeref demissionieren. An seiner Stelle wurde der Direktor der *İş-Bankası* (und innenpolitische Gegner İsmet Paşas) Celâl Bey (Bayar) ernannt. Das Industrieamt wurde bald durch eine neue Gründung, *Sümerbank*, ersetzt. Die Ernennung Celâl Beys zum Wirtschaftsminister deutete die Richtung an, in welche die staatliche Industrialisierung von nun an gehen sollte: Nur in jenen Bereichen, in denen das einheimische Privatkapital zu schwach war um zu investieren, sollte sich der Staat einschalten.

Die staatskapitalistische Industrialisierung ging mit einer Reglementierung der Agrarmärkte einher. Dies geschah erstens durch die Gründung von öffentlichen Institutionen, wie des ›Amtes für Agrarprodukte‹ (*Toprak Mahsulleri Ofisi*), das direkt in das Marktgeschehen eingriff, zweitens durch die staatseigenen Industrien, wie Zuckerraffinerien und Textilkombinate, die die Beherrschung bestimmter Bereiche des Agrarmarktes mit sich brachten, und drittens durch staatlich kontrollierte Verkaufskooperative, die die Preise wichtiger Exportgüter stabilisieren halfen. Schließlich verabschiedete der Ministerrat am 11. April 1934 den Ersten Fünfjahresplan, der nach sowjetischem Vorbild und mit Hilfe sowjetischer Fachleute vorbereitet worden war.

Damit begann die Ära der Planwirtschaft in der Türkei. Der Staat trat nunmehr praktisch in allen Bereichen als Hauptakteur auf, und die Ergebnisse schienen das kemalistische Entwicklungsmodell zu rechtfertigen: Die Wachstumsrate der Industrie betrug zwischen 1930 und 1939 jährlich 11,6%. Der Anteil des Industriesektors am Nettosozialprodukt stieg von 9,9% im Jahre 1929 auf 18,3% im Jahre 1939. Auch in Hinblick auf die angestrebte Autarkie hatte man Erfolge vorzuweisen: Das Land war mittlerweile in der Lage, den Binnenbedarf an Zucker, Textilien und Getreide aus eigener Produktion zu decken. Das erste Stahlkombinat und die ersten modernen Anlagen in der Papier- und Chemieindustrie entstanden in dieser Periode. Sogar im Agrarbereich konnte man, wie aus Tabelle 1 ersichtlich, beachtliche Fortschritte verzeichnen.

Die etatistische Außenhandelspolitik hatte die schwierige Aufgabe, die einheimischen Produkte – Tabak, Nüsse, Trockenfrüchte, Rosinen, Baumwolle, Getreide – auf dem Weltmarkt abzusetzen. Da auch die Industrieländer mit vergleichbaren Absatzproblemen ihrer Erzeugnisse konfrontiert waren, fand der Clearingverkehr, d. h. die Aufrechnung gegenseitiger Forderungen und Zahlungen, in den 30er Jahren große Verbreitung. Das erste Clearingabkommen wurde am 27. Juli 1933 mit Frankreich abgeschlossen. Zwei Wochen später kam ein ähnliches Abkommen mit Deutschland zustande. Nach diesen Verträgen sollten 30% der türkischen Verrechnungskonten zur freien Verfügung der Türkei stehen. Der Rest war für die Importe aus den beiden Industrieländern bestimmt.

Tabelle 1: Produktionsindex wichtiger Agrargüter in den 30er Jahren

Produkt	1928/29	1938/39
Weizen	100	194
Tabak	100	156
Zuckerrüben	100	754
Baumwolle	100	92

(Nach K. Boratav, Die türkische Wirtschaft, S. 56.)

Unter diesen Bedingungen entwickelte sich die Außenhandelsbilanz im Jahrzehnt von 1931 bis 1940 überwiegend positiv. Jedoch ist zu berücksichtigen, daß außenwirtschaftliche Bilanzrechnungen aus jener Zeit nur auf dem Papier etwas bedeuten. In Wirklichkeit bewegten sich die vermeintlichen Beträge praktisch nie, d. h., für die eigenen Leistungen bekam man nur selten frei konvertierbare Devisen. Aus diesem Grunde litt die Türkei, die auch wegen der Schwäche der eigenen Handelsflotte sowie bei fälligen Raten von Auslandsschulden immer wieder hohe Summen benötigte, unter Knappheit ihrer Devisenbestände. Tabelle 2 ist insofern bemerkenswert, als sie einerseits den Erfolg der etatistischen Außenhandelspolitik dokumentiert, andererseits aber auch verdeutlicht, wie es Deutschland unter den Bedingungen der Weltwirtschaftskrise gelang, zum wichtigsten Handelspartner der Türkei aufzusteigen. Trotz der zunehmenden Abhängigkeit vom Absatzmark Deutschland sollte es jedoch der türkischen Führung in den 30er Jahren gelingen, die wirtschaftliche Basis dafür zu schaffen, daß das Land in den Jahren des Zweiten Weltkrieges Neutralität bewahren konnte.

Tabelle 2: Entwicklung des deutsch-türkischen Handels 1931–36

Deutscher Außenhandel (nach deut. Statistik in Mio RM)				Türkischer Außenhandel (nach türkischer Statistik in Mio RM)		
Jahr	Gesamt-import	aus der Türkei	%	Gesamt-import	aus Deutsch-land	%
1931	6727	52,60	0,80	252,40	53,90	21,40
1932	4667	40,10	0,85	173,90	40,40	23,20
1933	4203	37,90	0,90	149,30	38,20	25,60
1934	4451	67,50	1,50	172,40	58,50	33,90
1935	4158	93,40	2,25	174,40	70,20	40,30
1936	4217	118,50	2,80	183,10	82,60	45,10
	Gesamt-export	in die Türkei	%	Gesamt-export	nach Deutsch-land	%
1931	9599	47,40	0,50	253,70	27,20	10,70
1932	5739	31,00	0,54	204,90	27,80	13,50
1933	4871	36,30	0,74	192,70	36,50	19,00
1934	4166	50,90	1,20	183,70	68,60	37,30
1935	4269	67,30	1,60	189,60	77,20	40,90
1936	4768	79,40	1,70	233,00	118,80	51,00
(Nach A. Fleury, La pénétration allemande au Moyen Orient 1919–1939, Genève-Leiden 1977, pp. 118–19.)						

Die Kritik an der Wirtschaftspolitik jener Epoche betont zunächst die Diskrepanz zwischen den Zielen und den Ressourcen. Im Verhältnis zu den verfügbaren Mitteln waren viele Projekte einfach zu ehrgeizig. Hinzu kam, daß Industriestandorte mehr nach militärischen Bedürfnissen denn nach wirtschaftlichen Gesichtspunkten gewählt wurden. Beispielsweise entstand das erste – und für eine längere Zeit einzige – Stahlkombinat des Landes rund 100 km von der Küste landeinwärts, um eine mögliche Beschießung vom Meer her zu verhindern. Infolgedessen konnte diese Anlage niemals wirtschaftlich arbeiten. Schließlich waren auch die sozialen Kosten der etatistischen Industrialisierung sehr hoch. Ihr Erfolg wurde hauptsächlich durch Ressourcentransfers aus dem Agrarsektor ermöglicht. Die internen *terms of trade* hatten sich schon in den frühen 30er Jahren zuungunsten der Landwirtschaft verschoben, und der Aufbau einer Schwerindustrie erhöhte dann die Belastung der Landbevölkerung überproportional. Aber auch die Verhältnisse in der Industrie waren nicht günstig: Die Zahl der Beschäftigten stagnierte – trotz des sektoral gestiegenen Anteils am Nationaleinkommen – um 700 000, was eine sehr geringe Zahl angesichts einer arbeitsfähigen Bevölkerung von 8 Millionen darstellt.

Tabelle 3: Pro-Kopf-Einkommen 1927–1939

Jahr	Nationaleinkommen (in Mio £tq und Preisen von 1939)	Bevölkerungszahl (in Mio)	Pro-Kopf-Einkommen (£tq)
1927	1000	13,60	73
1929	1147	14,20	80
1935	1315	16,20	82
1939	1652	17,50	95

(Nach Z. Y. Hershlag, Turkey: Achievements and Failures in the Policy of Economic Development, in: Kyklos 7, 1954.)

6. Die Außenpolitik der kemalistischen Republik

Vor dem Hintergrund schmachvoller Erfahrungen spätosmanischer Staatsmänner im Rahmen der ›Orientalischen Frage‹ hatte eine unabhängige Außenpolitik einen hohen Stellenwert für die kemalistische Republik. Eine solche Politik hing aber selbstverständlich noch immer von den Wechselbeziehungen zwischen dem Verhältnis des Landes zu den unmittelbaren Nachbarn einerseits und dem Verhältnis zu den Großmächten andererseits ab. Für die Zwischenkriegszeit bietet sich dabei eine Periodisierung an, die sich primär am Jahr 1936 orientiert. In jenem Jahr kam die Meerengen-Konvention von Montreux zustande, die es der Türkei erlaubte, die Dardanellen und den Bosporus wieder militärisch zu befestigen. Bis dahin stand die türkische Außenpolitik unter dem Einfluß der Sowjetunion, danach hatten die Westmächte, u. a. Großbritannien, größeres Gewicht.

Die Beziehungen zur Sowjetunion: Die Unabhängigkeitsbewegung in Anatolien konnte Hilfe nur von der Sowjetmacht erhoffen. So schlug Mustafa Kemal den Sowjets schon am 26. April 1920, also drei Tage nach der Eröffnung der Nationalversammlung in Ankara, die Aufnahme diplomatischer Beziehungen vor. Im Sommer 1920 erkannten sich dann die beiden Regimes gegenseitig an. Die Westmächte begannen daraufhin, in der kemalistischen Bewegung gleichsam eine Filiale des Bolschewismus zu erblicken.

Am 16. März 1921 wurde in Moskau ein türkisch-sowjetischer Vertrag über ›Freundschaft und Brüderlichkeit‹ unterzeichnet. Im Vertrag von Kars (13. Oktober 1921) legten beide Seiten ihre gemeinsame Grenze fest. Für Lenin hatte die türkische Widerstandsbewegung in Anatolien antiimperialistischen Charakter und war daher unterstützungswürdig. Für Mustafa Kemal wiederum mußte jede realistische Politik mit der Sowjetunion rechnen, denn für die Türkei ging kein Weg am nördlichen Nachbarn vorbei.

Das sowjetisch-türkische Verhältnis entwickelte sich in den 20er Jahren betont freundschaftlich. Am 17. Dezember 1925 unterschrieb man einen Nichtangriffs- und Neutralitätspakt. Die Parteien verpflichteten sich, keinem Bündnissystem beizutreten, das eine Konfrontation zwischen ihnen nach sich ziehen könnte. Dieser Vertrag wurde 1929 und 1935 (für zehn Jahre) verlängert. Auch die Aufnahme der Türkei in den Völkerbund im Jahre 1932 wurde in Zusammenarbeit mit der Sowjetunion erreicht.

Das Verhältnis zu Großbritannien: Dagegen waren die Beziehungen Ankaras zu London in den 20er Jahren denkbar schlecht. Die Mosul-Frage bildete dabei den Hauptkonfliktpunkt. Ankara vermutete britische Komplizenschaft auch in den kurdischen Aufständen jener Zeit. Trotz vieler Vorbehalte sah sich jedoch die Türkei – nicht zuletzt unter dem Eindruck probritischer Beschlüsse des Völkerbundes – gezwungen, ihre Ansprüche auf die Provinz Mosul fallen zu lassen. Der Vertrag von Ankara (5. Juni 1926) klärte die Frage der Grenzziehung zwischen der Türkei und dem Irak endgültig, wobei London und Bagdad sich für 25 Jahre verpflichteten, 10% der Einkünfte aus der Erdölförderung an die Türkei zu zahlen. Auch nach diesem Arrangement waren die Beziehungen zwischen der Türkei und Großbritannien noch lange nicht freundschaftlich. Allerdings änderte sich das Machtverhältnis im Ostmittelmeerraum seit dem Regierungsantritt der Faschisten in Italien sowohl für London als auch für Ankara zusehends ungünstig, und somit lag eine Annäherung Ankaras an London oder umgekehrt in beiderseitigem Interesse.

Das griechisch-türkische Verhältnis: Die Normalisierung der griechisch-türkischen Beziehungen in der Zwischenkriegszeit verlief parallel zu den Bemühungen um die Gründung eines Balkanpaktes. Für ein Bündnissystem als Instrument der kollektiven Sicherheit auf dem Balkan kamen sechs Staaten in Frage, die ihre unterschiedlichen Interessen vorher aufeinander abgestimmt haben müßten. Man kann diese sechs Staaten in drei Paaren gruppieren: Griechenland und die Türkei im Süden; in der Mitte die zwei südslawischen Staaten Jugoslawien und Bulgarien; Rumänien und Albanien bildeten die dritte Gruppe, die gewissermaßen eine Vermittlerrolle zwischen den erstgenannten einnahm. Rumänien und Jugoslawien waren außerdem bereits Mitglieder der ›Kleinen Entente‹, einer Koalition zur Sicherung des Versailler Systems in Ostmittel- und Südosteuropa, und standen daher in einem gespannten Verhältnis zum revisionistischen Bulgarien. Die Türkei unterhielt gute Beziehungen zu allen Balkanländern bis auf Griechenland.

Die Initiative zur Verbesserung der griechisch-türkischen Beziehungen ging vom griechischen Ministerpräsidenten Eleftherios Venizelos aus, der in einem Schreiben an die türkische Führung unmittelbar nach seinem überwältigenden Wahlsieg im Jahre 1928 beteuerte, der *Megali Idea* als dem Leitsatz der griechischen Außenpolitik abgeschworen zu haben. Griechenland werde nie wieder Expansionsbestrebungen in bezug auf Konstantinopel oder Kleinasien hegen und wünsche freundschaftliche Beziehungen mit dem östlichen Nachbarn. Venizelos hatte eine *Fédération orientale* im Sinn, eine Art Wiederbelebung des byzantinisch-osmanischen Reiches in Form einer modernen griechisch-türkischen Föderation. Mustafa Kemal ging auf diese Idee von Venizelos sofort ein, indem er vorschlug, eine Art Doppelrepublik zu gründen, mit Ankara und Athen als Hauptstädten, während Istanbul/Konstantinopel als kulturelles Zentrum des neuen Staates fungieren sollte. Als erstes Ergebnis dieser Annäherung wurde am 30. Oktober 1930 ein ›Freundschafts-, Neutralitäts- und Schiedsspruchvertrag‹ unterzeichnet, gemeint als Eckstein der neuen Außenpolitik beider Länder. Daneben waren Vereinbarungen über die Begrenzung des Rüstungswettlaufs auf See und über die Erweiterung der Handelsbeziehungen getroffen worden.

Für einen anderen griechischen Staatsmann, Alexandros Papanastassiou, reichte die Freundschaft mit der Türkei allein nicht. Seiner Meinung nach besaß die Annäherung zwischen Athen und Ankara eindeutig eine Spitze gegen Bulgarien. Im Unterschied zu Venizelos (und Mustafa Kemal) dachte Papanastassiou an eine Balkankonföderation, und zwar als einen Beitrag zur künftigen europäischen Union im Sinne Aristide Briands. Auf seine Initiative hin fand im Oktober 1930 die erste Balkankonferenz in Athen statt, an der Vertreter aus allen sechs Balkanländern teilnahmen. Solche Konferenzen wurden von nun an jährlich abgehalten, so z.B. im Jahre 1931 in Istanbul, 1932 in Sinaia (Rumänien), 1933 in Thessaloniki. Angesichts dieses Erfolgs der Idee Papanastassious sahen sich die verantwortlichen Politiker in Athen und Ankara genötigt, das griechisch-türkische Rapprochement als den ersten Schritt in die Richtung einer größeren Balkankonföderation umzudeuten.

Die Haltung der Großmächte zum anvisierten Balkanpakt war ambivalent. Da der Versöhnung zwischen Athen und Ankara eine Annäherung zwischen Athen und Rom vorausgegangen war (Freundschaftsvertrag vom 23. September 1928), betrachtete man in Paris und London die griechisch-türkische Freundschaft als Werk der italienischen Politik. Frankreich versuchte sogar, als Gegengewicht zum ›Hellenoturkismus‹ die Verständigung zwischen Belgrad und Sofia voranzutreiben. In London war man zwar über Venizelos verärgert, erhoffte sich aber andererseits von der neuen Entwicklung im östlichen Mittelmeer eine Abkühlung in den sowjetisch-türkischen Beziehungen.

Die Türkei betrieb in dieser Situation zielstrebig ihre eigene Politik, die im Grunde mit den Interessen der Sowjetunion harmonisierte. Wie Moskau wollte Ankara die Kleine Entente geschwächt sehen. Dafür versuchte Mustafa Kemal mit allen Mitteln, Venizelos zu Konzessionen an Bulgarien zu bewegen, mit dem Ziel eines Dreierpaktes zwischen Ankara, Athen und Sofia. Griechenland war jedoch zu Konzessionen an Sofia nicht bereit. Obwohl auch die von Paris betriebene Annäherung zwischen Belgrad und Sofia gescheitert war, gewann die französische Politik letztlich die Oberhand, indem Rumänien, ebenfalls Mitglied der

Kleinen Entente, als Förderer des Balkanpaktes auf die Bühne trat. Der Balkanpakt vom 9. Februar 1934 zwischen Griechenland, Jugoslawien, Rumänien und der Türkei war somit gewissermaßen eine Erweiterung der Kleinen Entente.

Erst auf der Basis der neuen Konstellation auf dem Balkan konnte die türkische Außenpolitik im Jahre 1936 daran denken, eine Revision des im Frieden von Lausanne festgelegten demilitarisierten Status der Meerengen zu fordern. Die Remilitarisierung der Dardanellen durch die Konvention von Montreux (20. Juli 1936) gehört sicherlich zu den bedeutenden Entwicklungen am Vorabend des Zweiten Weltkrieges.

Die deutsch-türkischen Beziehungen: In Deutschland war nach dem Ersten Weltkrieg zunächst kaum Interesse am Schicksal des ehemaligen Bündnispartners Türkei vorhanden. Im Zuge des griechisch-türkischen Krieges wurden jedoch Sympathien für den Waffenbruder aus dem Weltkrieg geweckt, die in einigen konservativ-nationalen Kreisen in regelrechte Begeisterung ausarteten. Die Gründe für diese Anteilnahme waren nicht zuletzt in den erhofften Auswirkungen der Entwicklung im Orient auf die außenpolitische Stellung Deutschlands in Europa zu suchen. Die Schadenfreude darüber, daß das verhaßte Versailler System so bald und ausgerechnet von der Türkei in Frage gestellt wurde, war in einigen Kreisen groß. Auch die deutsche Wirtschaft erhoffte sich eher Vorteile von der Entstehung der neuen Türkei. Im Orient hatte man aufgrund der Niederlage im Weltkrieg zwar viel verloren, aber die Abschaffung der Kapitulationen im Lausanner Frieden bedeutete für Deutschland immerhin eine Gleichstellung mit den Siegermächten auf dem türkischen Markt.

In der Weltwirtschaftskrise entstand in Berlin die Überzeugung, daß Südosteuropa für den deutschen Export künftig von großer Bedeutung sein würde. Eine Anbindung dieser Region an Deutschland setzte jedoch die Schwächung des Versailler Systems voraus. So lehnte Berlin im Mai 1930 Briands Pan-Europa-Memorandum ab, weil dessen Gelingen das Versailler System eher gestärkt hätte. Ähnlich ablehnend verhielt sich Deutschland gegenüber den Initiativen der ostmittel- und südosteuropäischen Agrarländer, die Krise mit eigenen Mitteln zu überwinden. Die deutsch-rumänischen Präferenzvereinbarungen von 1931 bildeten dann eine wichtige Station auf dem Wege der Integration Südosteuropas in den deutschen Wirtschaftsraum. Das Auswärtige Amt und vor allem der ›Mitteleuropäische Wirtschaftstag‹ sahen dort die lebenswichtigen Interessen Deutschlands liegen.

Unter der Regierung Hitlers erhielt diese Bewertung eine starke militärische Komponente: Im Rahmen des ›Neuen Plans‹ vom September 1934, der die wehrwirtschaftliche Mobilmachung Deutschlands zum Ziel hatte, begann eine ›Wirtschaftoffensive‹ zunächst gegen Jugoslawien und Ungarn. Man wollte die natürliche Nachschubbasis Deutschlands vor dem Zugriff künftiger Feindmächte sichern. Die Begriffe ›Lebensraum‹ und ›Großraumwirtschaft‹ bezogen sich nunmehr immer häufiger auf den Balkan. Die neuen Handelsverträge, die Deutschland in den 30er Jahren mit allen südosteuropäischen Ländern schloß, gewinnen ihre Bedeutung vor diesem Hintergrund. Im Februar 1933 wurden mit Bulgarien und im August 1933 mit der Türkei Warenaustausch- und Kompensationsverträge unterzeichnet. Ähnliche Verträge folgten im Februar 1934 mit Ungarn, Anfang Mai 1934 mit Jugoslawien, im Jahre 1935 mit Rumänien. In diesen Verträgen räumte Deutschland den Agrarländern großzügige Konditionen ein. Ihre Clearingkonten bei der deutschen Zentralbank banden sie jedoch praktisch unauflöslich an den deutschen Markt.

Wie oben ausgeführt, geriet auch die Türkei in den 30er Jahren in den Sog des deutschen Marktes. Doch die Abhängigkeit vom Dritten Reich wurde unter den Bedingungen der Vorbereitungsphase des Zweiten Weltkrieges dahingehend gemindert, daß auch Deutschland beträchtliches Interesse an einer Zusammenarbeit mit der Türkei bekundete. Das hing mit der geostrategischen Lage dieses Landes ebenso zusammen wie mit der Tatsache, daß Anatolien über einige kriegswichtige Rohstoffe wie Chrom, Kupfer und Baumwolle verfügte. Unter diesen Bedingungen wurde die Türkei zu einem umworbenen Land, und zwar umworben nicht allein von deutscher Seite.

Das französisch-türkische Verhältnis: Die Entfremdung Frankreichs von seinem Hauptverbündeten Großbritannien unmittelbar nach dem Ersten Weltkrieg (u.a. wegen der Frage der Reparationen) bereitete in Paris den Boden für eine zunehmend turkophile Orientpolitik. So war Frankreich die erste Siegermacht, die mit dem Abkommen von Ankara (20. Oktober 1921) eine Revision des Versailler Systems hinnahm. Wichtig war aus türkischer Sicht auch die Waffenhilfe, welche Paris – neben Italien und der Sowjetunion – den Kemalisten gewährte. Schließlich war es die taktvolle Zurückhaltung Frankreichs, die im Herbst 1922 Großbritannien daran hinderte, einen neuen Krieg wegen der Dardanellenfrage zu entfachen. Durch diese protürkische Haltung erhoffte man in Paris, die traditionell privilegierte Stellung Frankreichs im Orient zu bewahren. Es ging dabei sowohl um die Unversehrtheit französischer Kapitalanlagen als auch um die Beibehaltung der französischen Dominanz im kulturellen Bereich. Nicht zuletzt aufgrund seiner Rolle als Mandatsmacht in Syrien war Frankreich an einem guten Verhältnis mit dem Nachbarland Türkei interessiert.

Die Entwicklung der Beziehungen verlief jedoch keineswegs wie erhofft. Nicht nur stand der türkische Nationalismus im wirtschaftlichen wie im kulturellen Bereich französischen Interessen entgegen. Schon in den 20er Jahren kam es auch zum Streit über die Festlegung des türkisch-syrischen Grenzverlaufs. Die Tagesordnung wurde dabei bis zum Zweiten Weltkrieg von der Frage des völkerrechtlichen Status des Sandschaks Alexandrette (heute die türkische Provinz Hatay) beherrscht.

Dieses strategisch wichtige Gebiet auf dem Verbindungsweg von Kleinasien nach Syrien stand, wie Syrien selbst, seit 1918 unter französischer Besetzung, wurde aber von Anfang an sowohl von der türkischen als auch von der arabischen Nationalbewegung beansprucht. Während der syrische Widerstand gegen die französische Besatzungsmacht bald zusammenbrach, setzte es die türkische Seite im Abkommen von Ankara (20. Oktober 1921) durch, daß Frankreich sich verpflichtete (ohne jedoch dieser Verpflichtung nachzukommen), dem Sandschak einen Sonderstatus innerhalb des Mandatsgebiets Syrien zu gewähren. Die ethnisch-konfessionellen Verhältnisse in der Provinz (siehe Tabelle 4) dienten als Begründung für eine solche Regelung. Obwohl statistisch die größte Volksgruppe, stellten die Türken allerdings keineswegs die absolute Mehrheit dar; die Zahl der arabischsprechenden Bevölkerung war höher. Andererseits hatten die Alawiten – zwar arabischsprechend – über die Jahrhunderte hinweg ein Eigenbewußtsein entwickelt, das damals noch weit davon entfernt war, sich mit dem arabischen Nationalbewußtsein zu decken. So konnten sowohl die Araber als auch die Türken hoffen, die Alawiten für sich zu gewinnen. Die französische Mandatsbehörde war ohnehin an der Zersplitterung der Bevölkerung Syriens in kleinere Gruppen interessiert.

Tabelle 4: Die Zusammensetzung der Bevölkerung im Sandschak Alexandrette 1924

Türken	47 445	ca. 37%
Alawiten	36 968	ca. 28%
Schiiten	26 763	ca. 21%
Araber	2 228	ca. 2%
Verschiedene	14 482	ca. 12%
Insgesamt	127 886	100%

(Nach St. Yerasimos, Le Sanjak d'Alexandrette: Formation et intégration d'un territoire, in: Revue du Monde Musulman et de la Méditerranée 48–49, 1988/2–3, p. 204.)

Der Konflikt verschärfte sich wieder in den 30er Jahren: Als Großbritannien 1932 dem Irak Unabhängigkeit gewährte, begann man auch in Syrien nach einer Beendigung des Mandatsregimes zu verlangen. Dadurch gewann die Frage des völkerrechtlichen Status von Alexandrette erneut Brisanz, und Ankara sah die Zeit gekommen, seine Südpolitik zu reaktivieren. Die Voraussetzungen dafür erschienen zunehmend günstiger: Nach dem erfolgreichen Abschluß des Balkanpaktes (1934), einer deutlichen Verbesserung der Beziehungen zu Großbritannien im Zuge der Abessinien-Krise (1935) und schließlich der Remilitarisierung der Meerengen (1936) hatte man eine wesentlich stärkere Position gegenüber einer Mandatsmacht Frankreich in Syrien, die durch die Entwicklungen in Zentraleuropa (Remilitarisierung des Rheinlandes) geschwächt war. Als die Regierung Leon Blum im September 1936 den Beschluß faßte, Syrien in die Unabhängigkeit zu entlassen, forderte die Türkei das nationale Selbstbestimmungsrecht für Alexandrette (26. September 1936). Die Tatsache, daß ein bedeutender Teil der dortigen alawitischen Bevölkerung inzwischen für die Türkei optierte, beeindruckte dabei Paris ebenso wie die türkischen Truppenkonzentrationen an der Grenze. Die Volksfrontregierung unterzeichnete am 29. Mai 1937 mit der Türkei eine Vereinbarung, die dem Sandschak Alexandrette innere Autonomie gewährte.

Dies reichte jedoch Ankara noch nicht aus. Dort kündigte man die Freundschaftsverträge mit Syrien und Frankreich und verlangte eine Novellierung des Wahlsystems im Sandschak Alexandrette. Frankreich gab am 10. März 1938 nach, mit dem Ergebnis, daß die protürkischen Gruppen eine Mehrheit der Sitze im Parlament des autonomen Gebietes erringen konnten. Angesichts der sich rapide verschlechternden internationalen Lage (Anschluß Österreichs an das Dritte Reich und das Münchener Abkommen 1938) sollte sich Frankreich aber zu noch größeren Konzessionen gegenüber der Türkei genötigt sehen: Im Juli 1938 willigte Paris ein, den inneren Sicherheitsdienst im Sandschak gemeinsam mit den Streitkräften der Türkei wahrzunehmen.

Freilich war auch die Türkei von den spektakulären Veränderungen in Zentraleuropa beeindruckt. So erhielt die türkische Diplomatie Anfang Oktober 1938 vom Staatspräsidenten Atatürk die Weisung, zum Zweck eines Bündnisvertrages in Verhandlungen mit den Westmächten einzutreten. Am 10. November 1938 starb der Republikgründer, und am nächsten Tag wurde İsmet İnönü zum neuen Präsidenten der Türkei gewählt.

Im Frühjahr 1939 überstürzten sich dann die Ereignisse: Am 15. März erfolgte der deutsche Einmarsch in die Tschechoslowakei; am 28. März zog General Franco in Madrid ein, womit der spanische Bürgerkrieg mit dem Sieg der Faschisten beendet war. Am selben Tag kündigte Hitler den Nichtangriffspakt von 1934 mit Polen, worauf England und Frankreich sich genötigt sahen, Garantieerklärungen zugunsten Polens auszusprechen. Auch als Italien am 7./8. April 1939 Albanien annektierte, waren die Westmächte gezwungen, Garantieerklärungen, diesmal an Griechenland und Rumänien, zu geben. Diese letzten Verpflichtungen konnten sie aber unmöglich einhalten, solange die Türkei ungebunden blieb. Deshalb drängte vor allem England auf einen beschleunigten Abschluß der Bündnisverhandlungen mit Ankara. Die Türkei dagegen machte ihre Einwilligung von der endgültigen Lösung der Alexandrette-Frage abhängig.

Am 28. April 1939 entsandte Hitler den ehemaligen Reichskanzler von Papen als Botschafter in die Türkei. Dieser hatte im Ersten Weltkrieg in der osmanischen Armee gedient und traf daher jetzt als ›alter Kamerad‹ in Ankara ein. Die Briten mußten befürchten, daß wieder eine deutsch-türkische Allianz wie im Ersten Weltkrieg entstand. Unter diesen Bedingungen kam es zu der britisch-türkischen Beistandserklärung vom 12. Mai 1939. Darin verpflichteten sich die beiden Staaten zur Verhütung der Hegemonie einer dritten Macht im Mittelmeerraum. Ministerpräsident Refik Saydam erklärte vor dem Parlament in Ankara, daß angesichts der Veränderungen in Südosteuropa (Besetzung Albaniens) Neutralität für die Türkei nicht mehr möglich sei. Dennoch erwuchs für sein Land keine Verpflichtung, auf dem Balkan militärisch einzugreifen.

Frankreich blieb von dieser türkisch-englischen Annäherung ausgeschlossen, wenn auch die diesbezüglichen Verhandlungen andauerten. Es mußte noch der deutsch-italienische ›Stahlpakt‹ vom 22. Mai 1939 dazukommen, bevor Frankreich und die Türkei Einigung in der Alexandrette-Frage erzielen konnten: Mit dem Vertrag vom 23. Juni 1939 akzeptierte Frankreich den Anschluß des Sandschaks an die Türkei. Am selben Tag wurde bekanntgegeben, daß Paris sich der britisch-türkischen Beistandserklärung vom 12. Mai anschloß.

Aus der innenpolitischen Mobilisierung im Zuge des diplomatischen Kampfes um Alexandrette ging das türkische Nationalbewußtsein gestärkt hervor. Schon die Umbenennung der neugewonnenen Provinz in ›Hatay‹ war bemerkenswert, sollte doch damit an die ›hethitische‹ Vergangenheit der Region erinnert werden und daran, daß die Hethiter – gemäß der türkischen Geschichtsthese – zu den Stammvätern der Türken gehörten. Es herrschte nunmehr eine chauvinistische Atmosphäre, und der Druck auf die nichtmuslimischen Minderheiten, vor allem auf Armenier und Juden, etwa in der Öffentlichkeit nur Türkisch zu sprechen, erhöhte sich dementsprechend. Am Vorabend des Zweiten Weltkrieges hatte sich die Türkei in vielerlei Hinsicht den wenig skrupelhaften Gepflogenheiten des damaligen Europa angepaßt. Sie selbst war zwar Gegenstand machtpolitischer Berechnungen und Pläne, etwa während der Verhandlungen des deutsch-sowjetischen Nichtangriffspaktes vom 23. August 1939. Zugleich verwendeten aber auch einige Blätter des Landes eine Sprache, der Begriffe wie ›Lebensraum‹ und ›Einflußsphären‹ durchaus nicht fremd waren.

III. Kapitel: Zweiter Weltkrieg, 1939–1945

In die Konstellation des Zweiten Weltkrieges trat die Türkei unter der Führung İsmet İnönüs (1884–1973), der am 11. November 1938 als Nachfolger Atatürks zum Präsidenten der Republik gewählt worden war. Wohl um den Anschein der Kontinuität zu wahren, beließ İnönü zunächst Celal Bayar als Ministerpräsidenten im Amt, während der langjährige Außenminister Tevfik Rüştü Aras und der Innenminister Şükrü Kaya, beide enge Vertraute Atatürks, im neuen Kabinett fehlten. Obwohl in der Öffentlichkeit als bester Freund des verstorbenen Republikgründers bekannt, war İnönü deutlich bestrebt, seinen eigenen Stil zu finden, der besonders durch ein Bemühen um formalrechtlich-bürokratische Korrektheit gekennzeichnet war. Als eine der ersten Handlungen seiner Präsidentschaft ließ er Führungspersönlichkeiten aus der Zeit des Unabhängigkeitskampfes wie Rauf Orbay, Kâzım Karabekir und Ali Fuad Cebesoy, die in den 20er Jahren von Atatürk aus der Politik verdrängt worden waren, rehabilitieren.

Das von Atatürk geprägte autoritäre Regime wurde jedoch auch unter İnönü weiter gepflegt, es erhielt sogar noch prononciertere Züge. Tituliert als ›nationaler Führer‹, ordnete İnönü die Nationalversammlung, die Republikanische Volkspartei und das Kabinett völlig seinem Willen unter. Wie sein Vorgänger wählte er selbst die Mitglieder des Parlaments aus. Schon im Januar 1939 ließ er Wahlen abhalten und sorgte dafür, daß eine ihm ergebene Mannschaft unter Refik Saydam als Ministerpräsidenten die Regierung stellte.

In der Außenpolitik verhielt sich die neue Führung realpolitisch. Das Hauptziel war, die Türkei unter allen Umständen aus dem heraufziehenden Krieg herauszuhalten. Ankara trat daher grundsätzlich für einen Verhandlungsfrieden in Europa ein; ein überwältigender Sieg und die daraus folgende absolute Dominanz einer Seite würden den Interessen der Türkei nicht förderlich sein. So war man von Anfang an auf gleiche Distanz zu London wie zu Berlin bedacht.

Die Gründe dieser Orientierung zur Neutralität hin sind einerseits in den schlechten Erfahrungen der Staatselite mit dem deutschen Bündnispartner im Ersten Weltkrieg und mit den siegreichen Ententemächten nach 1918 zu suchen. Andererseits spielte hierbei die militärische Schwäche des Landes eine wichtige Rolle. Die türkischen Streitkräfte waren in den 30er Jahren schlecht ausgerüstet. Vor allem mangelte es an modernen Waffen und Geräten, ein motorisiertes Transportwesen war praktisch nicht vorhanden. Erst 1938 begann man, sich ernsthaft um eine bessere Ausrüstung der Truppe zu bemühen. So wurden in Großbritannien (auf Kredit) moderne Panzer und LKW bestellt. Aber schon diese relativ geringen Militäraufwendungen verschlangen über 40 Prozent des Staatshaushalts.

1. Die Westbindung am Vorabend des Zweiten Weltkrieges

Fragt man vor diesem Hintergrund nach den spezifisch außenpolitischen Faktoren, welche die Haltung Ankaras am Vorabend des Krieges bestimmten, so sind die Furcht vor einer Aggression von seiten Italiens und die Hoffnung, England als Schutzmacht gegen Mussolini gewinnen zu können, an erster Stelle zu nennen. Eine Art Allianz mit Großbritannien schien nicht zuletzt deshalb geboten, weil London offensichtlich bestrebt war, Mussolini von Hitler zu trennen, wobei Ankara zu Recht befürchten mußte, daß Großbritannien sich die Neutralität Italiens auf Kosten der Türkei erkaufte. Zweitens sah sich Ankara gezwungen, Rücksicht auf die Belange der Sowjetunion zu nehmen, was wiederum eine Annäherung an Großbritannien erschwerte. Drittens lag ein enges Verhältnis der Türkei zum Westen keineswegs im sowjetischen Interesse. Die Hoffnungen Ankaras, zwischen Großbritannien und der Sowjetunion vermitteln zu können, erwiesen sich als illusorisch, und damit blieb auch die Sorge bestehen, daß Moskau und London sich eines Tages ohne Rücksicht auf die Türkei in der Meerengenfrage arrangieren würden.

Was die Beziehungen zum Dritten Reich betrifft, so war man sich in Ankara der eigenen militärstrategischen Bedeutung durchaus sicher. Schon im Juli 1938 wollte Ribbentrop wissen, wie die Türkei im Falle eines Krieges zwischen Deutschland und

Polen die Meerengenkonvention anzuwenden gedenke. Ribbentrops Sorge war, daß die Westmächte Polen mit Kriegsmaterial durch die Meerengen beliefern könnten. Ankara versprach, einen solchen Verkehr nicht zuzulassen. Jedenfalls wurde in Deutschland im Jahre 1939 der Wert der Türkei als potentieller Bündnispartner hoch eingeschätzt. Man sah eine mit Deutschland verbündete Türkei in der Lage, die strategische Landbrücke zwischen Palästina und dem Irak zu unterbrechen, die Erdölraffinerien in der Region zu zerstören und die Zufuhr von Menschen und Material von Indien nach dem Nahen Osten unmöglich zu machen. Die Ernennung Franz von Papens, immerhin eines ehemaligen Kanzlers, zum deutschen Botschafter in Ankara im April 1939 entsprach dieser Einschätzung. Der neue Botschafter hatte den Auftrag, die Achse Berlin-Rom in ein Dreieck Berlin-Rom-Ankara zu verwandeln. Zumindest sollte verhindert werden, daß die Türkei sich den Westmächten anschloß.

Auch für Großbritannien – die Führungsmacht im Nahen Osten – stieg der Stellenwert der Türkei angesichts der Entwicklungen im Jahre 1939 beträchtlich. Foreign Secretary Lord Halifax erkundigte sich schon im März 1939 danach, ob eine Allianz zwischen London und Ankara möglich sei. Ende des Monats gab London gegenüber Polen eine Garantie seiner Unabhängigkeit ab. Als dann Italien am 7. April 1939 Albanien annektierte, stellte sich für die britische Regierung die Frage eines Bündnisses mit der Türkei noch dringlicher, zumal sie am 13. April 1939 Garantieerklärungen auch für Rumänien und Griechenland abgab.

Ankara hatte damals Verpflichtungen nur gegenüber der Sowjetunion, die aus dem Neutralitäts- und Nichtangriffspakt von 1925 herrührten. In dem Verlängerungsprotokoll zu diesem Vertragswerk aus dem Jahre 1929 hatte sich die Türkei zudem verpflichtet, ohne Kenntnis und Einwilligung der UdSSR kein Bündnis einzugehen. Die türkische Antwort auf das Kooperationsangebot der Westmächte Mitte April 1939 war daher abweichend: 1) die Türkei sollte neutral bleiben, solange die Achsenmächte im Mittelmeer- oder Balkanraum nicht in Aktion getreten waren; 2) Großbritannien sollte der Türkei bei der Verteidigung der Meerengen Unterstützung gewähren; 3) die Kooperation mit der UdSSR sollte unbedingt sichergestellt werden; 4) man sollte einen Kompromiß zwischen Bulgarien und Rumänien herbeiführen.

Diese Position Ankaras wurde von den Westmächten grundsätzlich akzeptiert. Da auch die Sowjetunion damals angesichts der deutschen Gefahr geneigt war, Annäherung an die Westmächte zu suchen, war es für die Türkei am 12. Mai 1939 möglich, die gemeinsame anglo-türkische Deklaration von Ankara zu unterzeichnen: Beide Länder erklärten sich im Falle eines Angriffs, der zum Krieg im Mittelmeerraum führen würde, zur gegenseitigen Unterstützung bereit. Darüber hinaus war vereinbart, ein System der kollektiven Sicherheit unter Einschluß der Sowjetunion anzustreben.

In den Verhandlungen mit Moskau zeigten sich jedoch die Westmächte nicht besonders willens, gemeinsame Verpflichtungen in Osteuropa zu übernehmen, so daß die Sowjets zu Recht mißtrauisch wurden: Man argwöhnte, daß die westlichen Demokratien einen Angriff Nazi-Deutschlands auf die UdSSR insgeheim herbeiwünschten. Fest steht jedenfalls, daß man am 17. April 1939 in Berlin zu sondieren begann, ob das Verhältnis zwischen der UdSSR und Deutschland nicht doch verbesserungsfähig sei. Der 22. Mai 1939, der Tag der Unterzeichnung des ›Stahl-Paktes‹ zwischen Rom und Berlin, markiert auch den Beginn deutsch-russischer Verhandlungen. Freilich setzte Moskau auch die Verhandlungen mit den Westmächten fort. Auf einer dritten Ebene schließlich bekundeten die Sowjets Anfang August 1939 ihre Bereitschaft, mit der Türkei in Verhandlungen über einen Bündnisvertrag einzutreten.

Der ›Hitler-Stalin-Pakt‹ vom 23. August 1939 bedeutete für die türkische Außenpolitik einen empfindlichen Rückschlag. Nunmehr fühlte sich Ankara als Partner der Westmächte in Südosteuropa isoliert. Daher wurde das Angebot Moskaus vom 24. August 1939, die Verhandlungen über ein sowjetisch-türkisches Bündnis zu eröffnen, dankbar angenommen. Zugleich setzte man jedoch die Verhandlungen mit den Briten und Franzosen fort, um auf der Basis der gemeinsamen Deklaration vom Frühjahr zu einem Bündnisvertrag zu gelangen. Die Westmächte ihrerseits, durch den deutschen Einmarsch in Polen am 1. September 1939 in eine mißliche Lage geraten, waren mehr denn je an einem Bündnis mit der Türkei interessiert. Die Verhandlungspostition Ankaras war daher erheblich gestärkt.

Man verlangte von den Briten einen Kredit von £ 35 000 000 zur Anschaffung von Kriegsgeräten, £ 15 000 000 in Gold zur Besserung der ökonomischen Situation im Innern und £ 2 000 000 zur Liquidierung des bestehenden Clearingdefizits. Außerdem sollten die Briten sich verpflichten, den gesamten türkischen Agrarexport aufzunehmen. Am 23. September 1939 war der türkisch-englisch-französische Beistandspakt unterschriftsreif, die Türken waren allerdings vorerst nur zu einer Paraphierung bereit; für die endgültige Unterzeichnung wollten sie die Rückkehr ihres Außenministers aus Moskau abwarten.

Der Spielraum des türkischen Außenministers Şükrü Saraçoğlu, der am 25. September 1939 in Moskau eintraf, war allerdings denkbar klein. Stalin verlangte nichts weniger als eine Revision der Meerengenkonvention von Montreux, und zwar dahingehend, daß die Sowjetunion eine Mitsprache über die Verteidigung der Meerengen bekommen müsse. Dies war für Ankara unakzeptabel, und noch bevor Saraçoğlu aus Moskau zurückgekehrt war, wurde in Ankara am 19. Oktober 1939 der britisch-französisch-türkische Beistandspakt unterzeichnet.

Art. 3 dieses Vertrages sah vor, daß Ankara zur Verteidigung der Balkanländer beitragen würde, allerdings unter der Voraussetzung, daß die Westmächte gewillt und in der Lage wären, der Türkei wirksame Unterstützung zu gewähren. Dafür erhob die Türkei ›Anspruch auf alliierten Beistand, falls sie 1) von einer europäischen Macht angegriffen würde (Art. 1) oder 2) in einen Krieg im Mittelmeer als Folge der Aggression einer europäischen Macht verwickelt würde (Art. 2)‹.

Großbritannien und Frankreich dagegen hatten Anspruch auf türkischen Beistand nur, wenn sie ›infolge ihrer Garantien an Griechenland und Rumänien in einen Krieg verwickelt‹ würden. Außerdem wollte die Türkei ›trotz ihrer Verpflichtungen nicht gezwungen werden..., an einem Konflikt teilzunehmen, der sie in einen Krieg mit der Sowjetunion führen könnte.‹

Die Türkei war nun ein Verbündeter der Westmächte und hatte damit die Freundschaft der Sowjetunion, die Basis der türkischen Außenpolitik seit den Tagen des Unabhängigkeitskampfes, endgültig verloren. Das sowjetische Regierungsblatt *Izvestija* hielt schon am 21. Oktober 1939 fest: ›Der Pakt von Ankara dient nicht dem Frieden.‹ Diese Drohgebärde war durchaus ernst zu nehmen, fiel doch die Rote Armee Ende November 1939 in Finnland ein. Was ihre westlichen Schutzmächte betrifft, waren die Türken zwar vorerst recht optimistisch: Großbritannien beherrschte – man wußte dies aus der osmanischen Geschichte allzu gut – seit jeher die Meere, und Präsident İnönü hielt die französische Armee für die stärkste in der Welt und die Maginot-Linie für unüberwindbar.

Desto größer war die türkische Ernüchterung, als im Mai 1940 das große Frankreich innerhalb weniger Wochen geschlagen am Boden lag. Anfang Juni konnten die Briten nur mit Mühe ihre Truppen vom Kontinent abziehen. Mit anderen Worten: Die Schutzmächte hatten praktisch keine Möglichkeiten mehr, der Türkei wirksam Unterstützung zu gewähren. Unter diesen Umständen war man in Ankara vor allem auf die Haltung Italiens gespannt. Würde auch Italien in den Krieg eintreten, so wäre für die Türkei der Bündnisfall eingetreten. Das Land wäre unter denkbar ungünstigen Bedingungen in den Krieg verwickelt worden.

Am 10. Juni 1940 trat Italien tatsächlich in den Krieg ein. Mussolini hatte aber wenige Tage vorher die Erklärung abgegeben, ›daß Italien nicht die Absicht hat, andere Mächte, die zur See oder zu Lande unsere Nachbarn sind, in den Konflikt hineinzuziehen.‹ Dennoch war Ankara nunmehr gemäß den Bestimmungen des anglo-franko-türkischen Vertrages verpflichtet, den Verbündeten Hilfe zu leisten, da der Krieg auf den Mittelmeerraum ausgeweitet worden war.

In dieser heiklen Situation entschied sich die Türkei für die Neutralität. Mit zwei Argumenten versuchte Ankara dabei, seine Position zu rechtfertigen: 1) Man hatte das Bündnis mit Großbritannien *und* Frankreich geschlossen. An dem Tag des italienischen Kriegseintritts hatte aber die französische Regierung bereits Paris evakuiert, und am 17. Juni 1940 wurde die Regierung Marschall Petain gebildet, mit dem Ziel, Waffenstillstand zu schließen. Von den Türken könne man jetzt nicht erwarten, daß sie mit nur einem Bündnispartner, Großbritannien, den Krieg fortsetzten; 2) Ankara verwies darauf, daß die Sowjetunion, deren Einbeziehung in das englisch-französisch-türkische Bündnis man von Anfang an gefordert hatte, in einer Wartestellung verharrte. Protokoll 2 des Vertragstextes mit den Westmächten befreite die Türkei von der Bündnispflicht, wenn ihr Kriegseintritt eine Konfrontation auch mit der Sowjetunion nach sich zu ziehen drohte. Nach Auffassung der türkischen Regierung war diese Gefahr nun gegeben.

Waren diese Argumente nur vorgeschoben oder entsprachen sie der tatsächlichen Gefahrenlage? Dazu sollte man folgendes bedenken: Am 26. Juni 1940, als Premierminister Refik Saydam in Ankara unter Hinweis auf die Gefahr eines Krieges mit der Sowjetunion die Nichtbeteiligung der Türkei an dem Krieg erklärte, präsentierte die Sowjetunion Rumänien ein Ultimatum; zwei Tage später marschierte die Rote Armee in Bessarabien und die Nordbukowina ein. Rumänien verzichtete auf die britische Garantie und trat am 1. Juli 1940 freiwillig aus dem Völkerbund aus. Diese Entwicklung in Rumänien war für die Türkei ein klarer Beweis für die Aggressivität der UdSSR, die erst vor zwei Wochen die baltischen Republiken annektiert hatte. Ferner war der Ausfall Rumäniens gleichbedeutend mit der Unterhöhlung des Balkanpaktes, von dem die Türkei die Sicherheit des Vorfeldes von Istanbul erwartet hatte. Darüber hinaus hatte die Sowjetunion im Frühjahr 1940 starke Verbände im Kaukasus konzentriert – wofür, wußte man in der Türkei damals noch nicht.

Eine der interessantesten Geschichten aus der Frühphase des Zweiten Weltkrieges betrifft nämlich den Kaukasus und mittelbar auch die Türkei. Es handelt sich um einen französischen Plan von Anfang 1940, die Erdölfelder von Baku in einem Überraschungsangriff zu zerstören. Der Plan sah vor, daß eine englisch-französische Flotte durch die Meerengen ins Schwarze Meer einlaufen sollte, um Batum zu bombardieren. Außerdem sollten alliierte Flugzeuge von Syrien aus das türkische Gebiet überfliegen, um Baku anzugreifen. Die französischen Pläne wurden am 31. Januar 1940 den Briten vorgelegt, die sie als unrealistisch beurteilten. Mittlerweile hatten die Sowjets aber von diesen Plänen Kenntnis erhalten und Anfang März 1940 begonnen, Truppen nach Transkaukasien zu entsenden. Die Türkei, die über diese Entwicklungen nicht orientiert war, war beunruhigt.

Am 3. Juli 1940 wurde eine Auswahl aus den französischen Akten, welche die Wehrmacht während des Frankreichfeldzuges erbeutet hatte, in der deutschen Presse veröffentlicht, allerdings mit einigen bewußten Verfälschungen, die den Eindruck erwekken sollten, als hätte das Außenministerium in Ankara von der geplanten Bombardierung der sowjetischen Ölfelder gewußt und den Franzosen die Erlaubnis zum Überfliegen des türkischen Territoriums schon erteilt. Das ohnehin nicht gute Verhältnis zwischen Ankara und Moskau wurde infolgedessen noch kühler.

Die türkische Haltung angesichts der Entwicklungen auf dem Balkan im Frühjahr 1941 sollte vor diesem Hintergrund gesehen werden. Die kleineren Balkanstaaten waren eingeschüchtert. Jugoslawien befand sich schon seit einem Jahr auf dem Wege der Annäherung an das Dritte Reich. Griechenland versuchte, eine neutrale Haltung zu demonstrieren. Allerdings war die Verteidigungslage Griechenlands seit der italienischen Besetzung Albaniens am 7. April 1939 äußerst prekär geworden, denn nunmehr galt es, zwei Fronten zu verteidigen: die eine in Thrakien gegen Bulgarien, die andere im Epirus gegen Italien.

Am 28. Oktober 1940 wurde Griechenland von Italien angegriffen, und dies versetzte die Türkei in eine unangenehme Lage. Ankara war nämlich in dreifacher Weise zur Unterstützung Griechenlands verpflichtet: durch den griechisch-türkischen Garantievertrag von 1933, durch den Balkanpakt und durch die Allianz mit Großbritannien. Dennoch zeigte sich die Regierung İnönü entschlossen, Neutralität zu bewahren, obwohl man Truppen in Thrakien gegenüber Bulgarien konzentrierte und Sofia zu verstehen gab, daß die Türkei intervenieren würde, falls Bulgarien in Griechenland einmarschierte

Die Annäherung Rumäniens an das Dritte Reich und insbesondere die Verlegung deutscher Truppen dorthin im Herbst 1940, verbunden mit dem italienischen Vorstoß in Richtung Saloniki und die Meerengen, waren auch aus sowjetischer Sicht beunruhigende Entwicklungen, hatte doch der Hitler-Stalin-Pakt die Meerengenregion einschließlich des bulgarischen Vorfeldes als sowjetisches Interessengebiet anerkannt. Daher fuhr Molotov am 12. Dezember nach Berlin, um die v. a. durch die deutsche Garantie an Rumänien gestörte Interessenabgrenzung auf dem Balkan wiederherzustellen. Trotz der Versuche Hitlers und Ribbentrops, seinen Blick auf Persien zu lenken, beharrte Molotov auf einer Absprache über den Balkan. Es wurde deutlich, daß es den Sowjets um Flottenbasen ging und daß sie von den Achsenmächten erwarteten, die Türkei nötigenfalls militärisch zum Nachgeben zu zwingen.

Das italienische Debakel in Griechenland im November 1940 verkomplizierte die Lage auf dem Balkan noch weiter. Deutschland glaubte sich nun gezwungen, dem bedrängten Verbündeten zu helfen, um größere Rückschläge für die Achse in Südosteuropa zu vermeiden. So befahl Hitler am 13. Dezember 1940 die Vorbereitung der ›Operation Marita‹, welche einen Durchmarsch der in Rumänien konzentrierten deutschen Truppen durch Bulgarien an die griechische Grenze vorsah. Einige Tage später erfolgte die Weisung zur Vorbereitung der ›Operation Barbarossa‹, d. h. des Angriffs auf die Sowjetunion.

Im März 1941 begannen die Briten, Truppen nach Griechenland zu verlegen, um die Verteidigung des kleinen Balkanlandes gegenüber den Achsenmächten zu stärken, wodurch die deutsche ›Operation Marita‹ noch dringlicher wurde. Zunächst galt es jedoch, die Neutralität der Türkei zu sichern, denn der Einmarsch deutscher Truppen in Bulgarien, d. h. in die Sicherheitszone der Meerengen, könnte Ankara zum Handeln zwingen. Aber ein Kriegseintritt der Türkei hätte die Öffnung der Meerengen für die britische Flotte bedeutet, was die Achsenmächte unbedingt vermeiden wollten.

In dieser kritischen Situation gelang es der deutschen Politik, auch Bulgarien für die eigenen Pläne einzuspannen. Als Hitler den Besitz Makedoniens und einen Zugang zur Ägäis in Aussicht stellte, war Sofia geneigt, mit den Achsenmächten gemeinsame Sache zu machen. Gegenüber der Türkei operierten die neuen Verbündeten mit einer sowjetischen Karte: Moskau hatte im November 1940, um Bulgarien an sich zu binden, der Regierung in Sofia den Erwerb türkischen Territoriums in Aussicht gestellt. Ermuntert durch Deutschland, teilten die Bulgaren nun dieses geheime sowjetische Angebot der türkischen Regierung mit. Ankara sollte dadurch bewogen werden, einen Nichtangriffspakt mit Bulgarien zu schließen, der in der Tat auch bereits am 17. Februar 1941 zustande kam. Der Weg für den Einmarsch deutscher Truppen nach Bulgarien und für den Aufmarsch gegen Griechenland war nunmehr frei.

Für Hitler blieb nur noch, die wohlwollende Neutralität Jugoslawiens zu sichern. Belgrad zeigte sich keineswegs unwillens, Deutschland entgegenzukommen. Mit dem Wiener Vertrag vom 25. März 1941 trat auch Jugoslawien dem Dreimächtepakt bei. Der Militärputsch vom 27. März 1941 in Belgrad schien zwar zunächst die deutschen Pläne auf dem Balkan zu durchkreuzen, aber der Blitzkrieg Hitlers, mit dem er vom 6. April an Jugoslawien und Griechenland überzog, bestärkte die Überzeugung Ankaras, daß ein Lavieren zwischen den Fronten einer sicheren Zerstörung Istanbuls durch die deutsche Luftwaffe auf jeden Fall vorzuziehen sei.

Ende Mai war der Balkanfeldzug beendet, und Hitler wandte sich nach Osten, gegen die Sowjetunion. Vorher mußte er jedoch das Verhältnis zur Türkei regeln, denn nur im Falle einer fortgesetzten Neutralität der Türkei wäre die Südflanke der deutschen Armeen in Rußland gesichert. So kam der deutsch-türkische Nichtangriffspakt vom 18. Juni 1941 zustande. Die Türkei bestand lediglich darauf, daß eine Vorbehaltsklausel in bezug auf die Allianz mit Großbritannien in den Vertragstext aufgenommen wurde. Am 22. Juni 1941 begann der deutsche Angriff auf die Sowjetunion. Diese Nachricht wurde in Ankara mit großer Erleichterung aufgenommen, weil sie den Schwund des gemeinsamen deutsch-sowjetischen Drucks auf die Türkei bedeutete.

2. Die bewaffnete Neutralität, Juni 1941 bis Januar 1943

Deutsches Werben um die Türkei: Hitler-Deutschland rechnete damit, daß die Türkei bald auf seiten der Achse in den Krieg eintreten würde, da ihre nationalen Interessen direkt berührt waren. In der Tat äußerte sich der türkische Botschafter in Berlin am 5. August 1941 dahingehend, ›daß antisowjetische Propaganda unter den Turkstämmen möglich sei und die Kaukasusvölker sich leicht zu einem Pufferstaat zusammenfassen ließen und daß im Osten des Kaspischen Meeres ein selbständiger turanischer Staat entstehen könnte.‹ In einem Gespräch mit Ribbentrop einige Wochen danach machte jedoch der Botschafter einen Rückzieher. Auf die Frage, welche Haltung sein Land gegenüber den Völkern im Kaukasus einnehme, betonte er, die Türkei hege außerhalb ihrer gegenwärtigen Grenzen keine territorialen Ambitionen.

Die verantwortlichen türkischen Stellen waren offensichtlich bemüht, dem Eindruck entgegenzuwirken, Ankara verfolgte panturkistische oder gar panturanische Ziele. In den öffentlichen Medien des Landes jedoch war ein starkes Interesse für das Schicksal der Turkvölker der Sowjetunion nicht zu übersehen. Einige bekannte Persönlichkeiten, darunter Nuri Pascha (Bruder Enver Paschas, des jungtürkischen Generalissimus während des Ersten Weltkrieges), waren durchaus bereit, mit den Deutschen zu kooperieren. Nuri Pascha reiste im September 1941 nach Berlin, um seine Pläne hinsichtlich einer Umgestaltung der politischen Verhältnisse im Kaukasus, auf der Krim, in der Tartarischen Sowjetrepublik sowie im Gebiet zwischen Wolga und Ural zu erläutern. Seine Gesprächspartner schienen zwar beeindruckt und hielten als Ergebnis fest, ›daß eine panturanisch orientierte Türkei zwangsläufig eine prodeutsch orientierte Türkei‹ sein müsse. Doch letztlich würde es Deutschland natürlich nicht hinnehmen, daß Erdölgebiete wie Baku und Batum von den Türken kontrolliert würden. Auch türkischer Einfluß auf neu zu bildende Staaten im Osten lag nicht im deutschen Interesse.

Die Regierung in Ankara ließ sich ihrerseits von deutschen Erfolgen nicht blenden und lehnte Angebote einer Mitgliedschaft in der Achse immer wieder ab.

Alliierter Druck auf die Türkei: Die türkische Erleichterung infolge des deutschen Angriffs auf die Sowjetunion war nur von kurzer Dauer, denn schon am 12. Juli 1941 kam es zu einem britisch-sowjetischen Beistandsabkommen. Es entstand also eine neue Konstellation, die aus türkischer Sicht genauso gefährlich war wie eine deutsch-sowjetische Zusammenarbeit.

Ankara mußte sich nun auf Forderungen der Alliierten nach Öffnung der Meerengen gefaßt machen. Insofern sie aber einem solchen Druck standhielt, würde die Türkei als Behinderer der Hilfsleistungen an die Sowjetunion gebrandmarkt werden. Churchill hatte längst verlangt, daß Ankara den Alliierten erlauben solle, von türkischen Flugplätzen aus die rumänischen Erdölfelder zu bombardieren. Die Regierung İnönü war jedoch entschlossen, auf einer Linie der bewaffneten Neutralität zu beharren – gleichzeitig wurde die Zahl der Truppen jedoch beständig erhöht, als würde die Türkei jeden Augenblick in den Krieg eintreten.

Mit welchen Gefahren dieser Kurs verbunden war, wurde deutlich, als die neuen Verbündeten, Großbritannien und die

UdSSR, am 25. August 1941 kurzerhand Iran besetzten, um eine Landverbindung für die Lieferungen von Kriegsmaterial an die Sowjets zu eröffnen. Obwohl die beiden Besatzungsmächte gegenüber Ankara feierlich versprachen, daß diese Besetzung eine vorübergehende Vorsichtsmaßnahme sei, war sie aus türkischer Sicht letztlich vergleichbar mit der Okkupation neutraler Staaten durch Nazi-Deutschland und zugleich eine Mahnung, bei der militärischen Abwehrbereitschaft nicht nachzulassen.

Zur Verschlechterung der türkisch-britischen Beziehungen trug auch der Konflikt um die Frage der türkischen Chromlieferungen an Deutschland bei. Die Alliierten hatten sich aufgrund von Vereinbarungen vom 8. Januar 1940 das Vorkaufsrecht am türkischen Chromexport für die Jahre 1941 und 1942 gesichert. Aber auch Deutschland brauchte Chromerz und argumentierte dabei sogar, daß es jetzt auch den Anteil Frankreichs beziehen sollte. Die Türkei honorierte zwar ihr Handelsabkommen mit den Briten aus dem Jahre 1940 und ließ diese praktisch die gesamte Produktion an Chromerz aus der Türkei importieren. Gekoppelt war daran freilich auch der Import von wenig begehrten türkischen Agrarprodukten. Ankara schloß aber am 9. Oktober 1941 ein Handelsabkommen auch mit Deutschland ab. Dies sollte nun die Westmächte sehr verärgern, weil die Türkei sich verpflichtete, in den Jahren 1943 und 1944 auch Deutschland mit Chrom zu beliefern. Auf diesem Wege spielte die türkische Diplomatie die kriegführenden Mächte gegeneinander aus und erreichte damit, daß beide Seiten der neutralen Türkei wertvolles Kriegsmaterial lieferten.

3. Außenpolitische Isolierung gegen Ende des Krieges

Die Westmächte hatten keine andere Wahl als die Neutralitätspolitik der Türkei hinzunehmen, solange die deutschen Armeen in Rußland im Vormarsch waren und solange die Alliierten selbst praktisch an allen Fronten Niederlagen erlitten. Aber bereits im Jahre 1942 trat in dieser Hinsicht ein Wandel ein: Am 4. November begann der Rückzug der deutsch-italienischen

Truppen aus Ägypten, am 8. November fand die Landung der Alliierten in Französisch-Nordafrika statt, und am 19. November begann die russische Gegenoffensive vor Stalingrad.

Diese Wende zuungunsten der Achsenmächte machte sich überall bemerkbar, und entsprechend nahm auch der Druck der Alliierten auf die Türkei zu. Churchill und Roosevelt beschlossen am 14. Januar 1943 in Casablanca, daß alles zu unternehmen sei, um die Türkei so rasch wie möglich in den Krieg hineinzuziehen. Dazu flog Churchill von Casablanca nach Adana in der Südtürkei, um İnönü diesen Beschluß der Westmächte mitzuteilen. Die Gespräche am 30./31. Januar 1943 vermittelten den Türken den Eindruck, daß ihre Lage bei Kriegsende sehr schwierig sein würde, wenn sie weiter neutral blieben. Churchill warnte nachdrücklich vor sowjetischem Imperialismus in bezug auf die Meerengen. Trotzdem zeigten sich die Türken noch immer nicht bereit, in den Krieg eintreten und wiesen darauf hin, daß die deutschen Luftbasen auf dem Balkan nahe genug seien, um die historische Stadt Istanbul zu zerstören.

Nur dem Argument der militärischen Schwäche der Türkei zeigte sich Churchill zugänglich. Er versprach – etwas leichtfertig – großzügige Hilfe bis zum Frühjahr 1943. Der türkische Generalstab präsentierte sofort ausführliche Listen von Material, das zur Verfügung stehen müsse, bevor an einen Kriegseintritt gegen Deutschland überhaupt zu denken sei. Im Frühjahr 1943 erschien eine britische Militärmission in Ankara, mit dem Auftrag, die Einzelheiten der Militärhilfe zu regeln. Es kam aber bald zu einem Eklat: Die Briten beabsichtigten als erstes, 25 Staffeln Jagdbomber der Royal Air Force in die Türkei zu verlegen, um die Erdölfelder in Rumänien zu bombardieren. Ankara erwartete aber Materiallieferungen direkt an die türkische Armee. Vorher war es nicht bereit, die Nutzung seines Territoriums durch die Alliierten zu erlauben.

Die Entwicklungen in Italien im Sommer 1943 (Sturz Mussolinis gegen Ende Juli, bedingungslose Kapitulation Italiens Anfang September) steigerten die Siegeszuversicht der Alliierten. Nun brauchte man die Türkei als Kriegspartner – wenn überhaupt – nur, um die eigenen Verluste an einer eventuell zu eröffnenden Balkanfront niedrig zu halten. Die Türken ihrerseits schienen jedoch durch den alliierten Sieg über Italien keineswegs beeindruckt. Churchill stellte sogar – allerdings vergeblich – den Besitz der Inselgruppe Dodekanes in Aussicht, um sie zur Aufgabe ihrer Neutralität zu bewegen.

Aus der Sicht der Alliierten war diese Haltung Ankaras unerträglich. Vor allem die Sowjets meinten, die türkische Neutralität komme einer Parteinahme für Deutschland gleich. Sie waren in dieser Phase des Krieges noch der Meinung, daß neben der ›zweiten Front‹ im Westen auch eine Balkanfront gegen die Achsenmächte eröffnet werden müsse. Im November 1943 verlangte auch die britische Regierung, daß die Türkei innerhalb eines Monats Deutschland den Krieg erklären solle.

Den Höhepunkt der alliierten Bemühungen um den Kriegseintritt der Türkei bildete das Gipfeltreffen von Kairo zwischen Roosevelt, Churchill und İnönü, das am 4.–7. Dezember 1943 stattfand. Churchill drohte hier offen mit der völligen Isolation der Türkei nach Ende des Krieges, falls İnönü weiterhin auf Neutralität bestehe.

Ende 1943 war es allerdings nur noch Churchill, der auf einem Kriegseintritt der Türkei bestand, während Roosevelt und besonders Stalin darauf immer weniger Wert zu legen schienen. Churchill ging es erstens darum, eine Ablenkung der deutsche Kräfte im Augenblick der Eröffnung der zweiten Front im Westen zu erreichen, und zweitens darum, den Einfluß Großbritanniens im östlichen Mittelmeer auch in der Nachkriegszeit zu sichern. Die Befreiung der Balkanländer ausschließlich durch die Rote Armee würde bedeuten, daß die Sowjetunion am Kriegsende die beherrschende Macht in Südosteuropa sein würde, und dies galt es zu verhindern. Die türkische Führung teilte diese Einschätzung Churchills durchaus, ohne jedoch die Konsequenzen zu ziehen. Für Ankara galt vielmehr, das Militärpotential der Türkei bis zum Ende des Krieges unverbraucht zu bewahren.

Die Beziehungen der Türkei zu den Alliierten verschlechterten sich im Frühjahr 1944 erneut wegen türkischer Chromlieferungen an Deutschland. Großbritannien und die USA drohten gar mit Embargo, bis die Regierung in Ankara am 20. April 1944 die Lieferungen einstellte. Ein ähnlicher Streit entbrannte um die Passage deutscher Handelsschiffe durch die Meerengen. Gemäß der Konvention von Montreux durften Handelsschiffe der kriegführenden Staaten die Meerengen unter der Voraussetzung passieren, daß sie keine militärischen Güter an Bord hatten. Die Alliierten warfen der Türkei aber vor, sie habe wissentlich als Handelsschiffe getarnte deutsche Kriegsschiffe durch die Meerengen passieren lassen. Als dann Anfang Juni 1944 die Türken endlich ein deutsches Handelsschiff durchsuchten und herausfanden, daß es tatsächlich Kriegsmaterial geladen hatte, nahm Präsident İnönü dies zum Anlaß, seinen als prodeutsch berüchtigten Außenminister zu entlassen. Von nun an bekundete Ankara deutliche Sympathien für die Sache der Alliierten.

Fast gleichzeitig mit der alliierten Landung in der Normandie begann die gleichgeschaltete türkische Presse zu unterstreichen, daß Rassismus und Panturanismus den Prinzipien der türkischen Verfassung widersprechen. Diese Abkehr von der deutschfreundlichen Linie der türkischen Außenpolitik kam freilich aus der Sicht der Alliierten reichlich spät. Mitte Juli 1944 einigten sich Stalin und Churchill, daß es nicht länger sinnvoll sei, den Kriegseintritt der Türkei zu verlangen.

Andererseits gaben die USA und Großbritannien der Türkei die Empfehlung, die Beziehungen zu Deutschland doch abzubrechen, ohne dabei aktiv in den Krieg einzutreten. In der Tat folgte die Türkei diesem Rat und erklärte am 2. August 1944 die Beziehungen zu Berlin für abgebrochen. Den Westmächten ging es bereits in dieser Phase um die Stärkung ihrer Positionen in Nachkriegseuropa. Die türkischen Politiker hatten schon richtig gepokert: Bei der Neuordnung der Kräfteverhältnisse am Ende des Krieges würden nur die geostrategische Lage der Türkei und die Stärke ihrer Streitkräfte entscheidende Bedeutung haben. Churchill und Stalin legten jedenfalls ihre Interessensphären auf dem Balkan schon am 9. Oktober 1944 fest: In Rumänien sollte die Sowjetunion zu 90% das Sagen haben, die Westmächte nur zu 10%; in Bulgarien: UdSSR 75%, die anderen 25%; in Griechenland: Großbritannien 90%, die UdSSR 10%; in Jugoslawien 50–50%; in Ungarn 50–50%. Die Türkei gehörte nicht zu diesen zur Disposition stehenden Gebieten. Im Gegenteil, mit einer Kriegserklärung an das Dritte Reich am 23. Februar 1945, an welchem Tag in Ankara auch ein amerikanisch-türkisches Hilfsabkommen unterzeichnet wurde, befand sie sich schon auf dem Wege in die atlantische Allianz.

Bis dahin mußten die türkischen Staatsmänner freilich noch eine Durststrecke überstehen. Auf der Konferenz von Jalta am 4.–11. Februar 1945 verlangte Stalin u.a. die Revision der

Meerengenkonvention von Montreux. Einige Wochen später, am 21.03.1945, forderte die Sowjetunion darüber hinaus die Rückgabe der ostanatolischen Provinzen Kars und Ardahan sowie die Abtretung eines Gebietsstreifens in Thrakien an Bulgarien. Ankara lehnte jedoch die diesbezügliche sowjetische Note vom 19. März 1945 – ohne eine Rückversicherung durch die Westmächte – ab und riskierte damit einen Krieg mit der siegreichen Roten Armee. Dies war die gefährlichste Stunde der türkischen Isolation bei Kriegsende. Einige Wochen später, am 12. April 1945, folgte Harry S. Truman dem verstorbenen Roosevelt als Präsident der Vereinigten Staaten. Zwar erzielten die Siegermächte auf der Konferenz von Potsdam im Juli-August 1945 Einigkeit darüber, daß der Meerengenstatus revidiert werden müsse, vorgesehen waren aber vorerst nur Verhandlungen mit der Türkei auf jeweils bilateraler Ebene.

In Wirklichkeit waren die Alliierten bereits dabei, sich in die Blöcke des ›Kalten Krieges‹ einzuordnen. Am 6. August 1945 warfen die US-Amerikaner die erste Atombombe auf Hiroshima und katapultierten sich damit zur einzigen Supermacht der Welt empor. Die türkische Führung suchte von nun an immer offener Unterstützung bei den USA, eine Entwicklung, die in dem Besuch der amerikanischen 6. Flotte mit dem berühmten Schlachtschiff ›Missouri‹ Anfang April 1946 in Istanbul ihren symbolischen Ausdruck fand. Unter den Bedingungen des Bürgerkrieges in Griechenland, wo die Amerikaner die Stellung der Briten übernehmen mußten, kam es am 12. März 1947 zur Verkündung der ›Truman-Doktrin‹, welche die territoriale Unversehrtheit Griechenlands und der Türkei garantierte. Anfang September 1947 wurde ein neues Abkommen über amerikanische Militärhilfe an die Türkei unterzeichnet. Im April 1948 schließlich wurde die Türkei, die schon Gründungsmitglied der UNO war, Mitglied der OEEC (Organization of European Economic Cooperation). Die Bedrohung durch die Sowjetunion war längst überwunden.

IV. Kapitel: Übergang zum Mehrparteiensystem, 1945–1960

Die erfolgreiche Annäherung an die siegreichen Demokratien bei Kriegsende konnte schwerlich ohne Konsequenz für die türkische Innenpolitik bleiben. Unverkennbar war die politische Führung bemüht, die bisherige Geschichte der Republik als eine notwendige Phase der Vorbereitung für den Übergang zur Mehrparteiendemokratie auszulegen. Staatschef İnönü selbst wies in einer Rede Anfang November 1946 jeden Diktaturvorwurf zurück und unterstrich den grundsätzlich demokratischen Charakter der kemalistischen Reformpolitik, die letztlich immer durch das Parlament kontrolliert worden sei.

Der aufgestaute Unmut der Bevölkerung war jedoch nicht leicht zu besänftigen. Die allgemeine Unzufriedenheit hatte ihren Grund in der schlechten Versorgungslage während der Kriegsjahre sowie in unzähligen Übertretungen staatlicher Organe unter den Bedingungen der Einparteienherrschaft. Die Kosten der ständigen Kriegsbereitschaft hatte man hauptsächlich den ländlichen Produzenten aufgebürdet. So wurden die Bauern vielerorts zum Arbeitseinsatz im Straßenbau oder in einem Bergwerk abkommandiert. Eine zehntähnliche Naturalabgabe seit 1943 belastete sie zusätzlich. Bei alledem wurden die Bauern von der Bürokratie ausgesprochen herrisch behandelt: Prügel zählten zu den gängigen Methoden behördlicher Disziplinierung der Landbevölkerung.

In materieller Hinsicht ging es der Masse der Stadtbewohner kaum besser. Der Index der Lebenshaltungskosten stieg, wenn man für das Jahr 1939 100 ansetzt, auf 320 im Jahre 1944, während der Index der Reallöhne im gleichen Zeitraum auf 50 zurückging. Sogar die wohlhabenderen Schichten hatten wenig Grund, mit dem Regime zufrieden zu sein. Als die Regierung 1942 versuchte, mit einer außerordentlichen ›Vermögenssteuer‹ (*Varlık Vergisi*), deren Höhe oft willkürlich festgesetzt wurde, die Privatvermögen anzuzapfen, wurde das Vertrauen der Geschäftswelt zutiefst erschüttert. Besondere Brisanz erhielt dieser Eingriff dadurch, daß Angehörige der nichtmuslimischen Minderheiten überproportional betroffen waren.

Bei Kriegsende herrschten demnach Bedingungen, die für eine Mobilisierung der öffentlichen Meinung gegen das politische System außerordentlich günstig waren. Die Opposition vereinigte dabei von den bäuerlichen Massen und bodenbesitzenden Gruppen in der Provinz über verschiedene Schichten der Stadtbevölkerung bis hin zur kritischen Intelligenz ein bemerkenswert breites Spektrum gesellschaftlicher Kräfte. Vor allem auf lokaler Ebene handelte es sich hierbei um eine Formierungsbewegung der politischen Peripherie gegen das elitäre Zentrum.

Angeführt wurde diese Opposition von Celâl Bayar (1884–1987), einem ehemaligen jungtürkischen und – nach 1919 – kemalistischen Aktivisten, der aber immer ›Zivilist‹ geblieben war. Abgeordneter im Parlament nach 1923, hatte sich Bayar vor allem als Gründer der ›Geschäftsbank‹ (*İş Bankası*) und – dementsprechend – Vertreter privatwirtschaftlicher Interessen profiliert. Nachdem ihm im Jahre 1932 überraschend das Wirtschaftsministerium anvertraut worden war, bestimmte er das Tempo der Entwicklung in der Periode des Etatismus maßgebend mit. Bayar genoß demnach das Vertrauen Atatürks und wurde von diesem denn auch 1937 anstelle İnönüs zum Ministerpräsidenten ernannt, welches Amt er bis Anfang 1939 bekleidete. Bei Kriegsende war Bayar einer der bekanntesten Politiker der Türkei.

Der zweite Mann der Opposition war Adnan Menderes (1889–1961), Sohn einer landbesitzenden Familie in Ägäisch-Anatolien, der eine noch größere Distanz zu den Machteliten der Republik bewahrt hatte. Auch konnte er sich als jemand, der aufgrund seiner schwachen Konstitution nie Soldat war, keinerlei ›Verdienste‹ um die nationale Befreiung rühmen. In die Politik war er gar in den Reihen der kurzlebigen ›Liberalen Partei‹ im Jahre 1930 eingetreten, um freilich bald von Mustafa Kemal ›entdeckt‹ und als Abgeordneter nach Ankara berufen zu werden.

Zivilisten waren schließlich auch die weiteren Persönlichkeiten in der Führung der Opposition: Fuad Köprülü (1890–1966) und Refik Koraltan (1889–1974). Köprülü, Nachkomme eines berühmten Geschlechts, das dem Osmanischen Reich mehrere Großwesire (darunter Kara Mustafa, der zweite Belagerer von Wien) gestellt hatte, genoß Ansehen vor allem als Gelehrter, der die modernen philologischen und historischen Studien in der Türkei begründet hatte. In den 30er Jahren war er einer der wenigen Hochschullehrer, die offen Kritik an den kemalistischen Geschichts- und Sprachthesen zu üben wagten. Koraltan schließlich, eine etwas farblose Persönlichkeit, war Jurist. Seit 1920 Abgeordneter in Ankara, war er 1935 als Provinzgouverneur zum Verwaltungsdienst übergewechselt. 1943 kehrte er ins Parlament zurück und entwickelte sich bald zu einem Kritiker des Regimes.

Das politische Programm dieser Opposition war anfänglich recht diffus. Die vier Führer – Bayar, Menderes, Köprülü und Koraltan – forderten in einem Memorandum vom 7. Juni 1945 die Anwendung der Verfassung ohne Einschränkungen und die Verwirklichung der Demokratie in der Türkei. Unterstützung fanden sie dabei vornehmlich durch die prowestliche Presse, wie die Zeitung *Vatan* unter Ahmet Emin Yalman, und durch marxistische Linke, wie die Journalisten Zekeriya und Sabiha Sertel von der Zeitung *Tan*. Am 7. Januar 1946 kam es zur Gründung der *Demokratischen Partei* (DP), und mit der Zeit kristallisierten sich folgende Punkte als konkrete Ziele der Opposition heraus: a) Einschränkung der unternehmerischen Rolle des Staates, b) Unterstützung des Privatunternehmertums, c) Förderung von Investitionen des Auslandskapitals, d) Erhöhung des Agrarkreditfonds sowie e) eine tolerantere Haltung gegenüber Religion.

Ein Problem der Opposition war nun, daß die regierende RVP selbst einen weiten Schwenk zur liberalen Mitte hin vollzog, mit der Folge, daß programmatisch bald kaum noch ein Unterschied zwischen der bisherigen Staatspartei und der Opposition festzustellen war. Schon Anfang November 1945 hatte Staatspräsident İnönü angedeutet, daß er das Fehlen einer wirksamen Opposition im Parlament für einen gravierenden Mangel des politischen Systems in der Türkei halte. Ein beträchtliches Maß an Opportunismus legte İnönü erneut an den Tag, als es darum ging, den Termin für die ersten freien Wahlen in der Geschichte der Republik festzulegen. Die Opposition hatte sich noch nicht landesweit organisieren können und war daher gegen einen frühen Termin. Die Regierungspartei ließ jedoch das Volk bereits am 21. Juli 1946 zu den Urnen gehen. Im Ergebnis erhielt die RVP 390 von 465 Sitzen, während die DP lediglich 65

Sitze gewinnen konnte. Im Lager der erst sechs Monate alten Opposition klagte man zudem über Wahlfälschung. Gefälscht worden war in der Tat vielerorts massiv. Die erste Prüfung auf dem Weg zur parlamentarischen Demokratie hatte die Türkei jedenfalls nur bedingt bestanden. Dennoch: Zum ersten Mal hatten die Bürger ihre Stimme in *direkter* Wahl abgegeben. Zumindest nach außen konnte sich das Regime daher von nun an als demokratiefähig präsentieren.

Auch auf wirtschaftlichem Gebiet folgten bald Schritte in Richtung einer stärkeren Anbindung an den Weltmarkt. Kaum zwei Monate nach den allgemeinen Wahlen erlebte die Republik eine Devaluation: Am 7. September 1946 wurde das Türkische Pfund gegenüber dem US-Dollar von 1,28 auf 2,80, also um etwa 120%, abgewertet. Dies war verbunden mit Maßnahmen zur Liberalisierung des Außenhandels, die vor allem in den USA aufmerksam registriert wurden. Nur so wurde der Türkei im Zeichen der im März 1947 verkündeten ›Truman-Doktrin‹ die Gunst der US-amerikanischen Wirtschafts- und Militärhilfe zuteil. Im Juni desselben Jahres, als der Marshallplan der umfassenden amerikanischen Hilfe für Europa initiiert wurde, gehörte das Land, das während des Krieges beharrlich auf Neutralität bestanden hatte, zu den Empfängern.

Diese Erfolge, die eine Öffnung nach Westen hin signalisierten, brachten auch eine gewisse Gelassenheit im Innern mit sich, so daß die Opposition, die einen Sturmlauf gegen die alten etatistischen wie laizistischen Positionen der Einparteienherrschaft im Sinn hatte, vorerst keine geeigneten Angriffsflächen ausmachen konnte. Denn Präsident İnönü schien – zum Teil auch für die eigenen Parteigenossen überraschend – bereit zu sein, sogar Grundelemente des kemalistischen Reformwerkes zu opfern. Anfang Dezember 1947 diskutierte ein Kongreß der RVP die Wiedereinführung des Religionsunterrichts in den Schulen. Außerdem erwog man, die von der Opposition als ›kommunistisch‹ kritisierten ›Dorfinstitute‹ abzuschaffen. Zwei Monate später, am 19. Februar 1948, wurde denn auch die Einführung des Religionsunterrichts, zunächst mit einer Wochenstunde in den 4. und 5. Klassen der Grundschule, vom Parlament beschlossen.

Diese populären Konzessionen kamen jedoch zu spät, die politische Wende des Jahres 1950 war nicht mehr aufzuhalten. Die allgemeinen Wahlen vom 14. Mai 1950 zeitigten erdrutschartige Ergebnisse: Die oppositionelle DP erhielt 53,3% der abgegebenen Stimmen und 408 Sitze im Parlament, die Regierungspartei RVP bekam 39,9% und – wegen des von ihr gegen den Willen der Opposition eingeführten Mehrheitswahlsystems – lediglich 69 Sitze im Parlament. Am 22. Mai konstituierte sich das neugewählte Parlament in Ankara; Celâl Bayar wurde zum neuen Präsidenten der Republik gewählt, Adnan Menderes erhielt den Auftrag, die Regierung zu bilden.

Wenn auch dieser friedliche Machtwechsel gewiß ein hoffnungsvolles Zeichen für die Zukunft der Demokratie in der Türkei war, so waren doch die ›Spielregeln‹ des liberalen Mehrparteiensystems im Lande noch weithin unbekannt. Die Masse der Bevölkerung faßte Demokratie in einem populistischen Sinne, vor allem als Emanzipation von der Herrschaft der kemalistischen Bürokratie, auf. Die neuen Kader, die nun überwiegend aus der anatolischen Provinz stammten und bis dahin noch nie im Staatsdienst gestanden hatten, waren bereit und in der Lage, diese antibürokratische Wende zu tragen. Dabei brauchte die offizielle Ideologie des Regimes, also der Kemalismus, keineswegs in Frage gestellt zu werden. Besonders aus der Zeit des Unabhängigkeitskampfes konnte man Praktiken zitieren, die mit dem Radikalreformismus späterer Jahrzehnte wenig zu tun hatten, ohne direkt antikemalistisch zu erscheinen. Jedenfalls sammelten sich nun auch Kräfte, die seit der Republikgründung aus der Politik verdrängt worden waren, in der populistischen Auflehnungsfront gegen das bürokratische Zentrum. Der DP sollte es gelingen, dieses Image als eine antielitäre und gar antiintellektuelle Bewegung bis zum Staatsstreich des Jahres 1960 zu bewahren. Dank der Einflußnahme der Parteiorganisation auf die Provinzialverwaltung war der einfache Bürger nun zum ersten Mal in der türkischen Geschichte in der Lage, staatlichen Institutionen ohne Hemmung oder Angst zu begegnen. Die Beamten mußten sich dienst- und kooperationsbereit zeigen, anderenfalls drohte ihnen eine Strafversetzung in die kurdischen Gebiete Ostanatoliens.

Der politische Aufstieg neuer Gesellschaftsgruppen an der Peripherie wurde auch durch die wirtschaftliche Entwicklung begünstigt. Vor allem die Erhöhung des Agrarkreditfonds und die Gewährung von Mindestpreisen für Agrargüter seitens der neuen Regierung ermöglichten eine rasche Mechanisierung der Landwirtschaft und – damit zusammenhängend – die Ausweitung der Anbauflächen. So konnten in der Folge mehrere Jahre hindurch Rekordernten erzielt werden (siehe Tabelle 5), und die Türkei entwickelte sich in der Hochkonjunktur während des Koreakrieges zu einem bedeutenden Getreideexporteur.

Tabelle 5: Trends in der Landwirtschaft, 1948–1954

1954	1950	1951	1952	1953
BSP (in Milliarden TL, Preise von 1948) 13,1	10,4	12,0	13,0	14,5
Angebaute Fläche (in Mio ha) 19,6	14,5	15,3	17,4	18,8
Getreideproduktion (in Mio Tonnen) 9,6	7,8	10,7	12,2	14,3
Weizenertrag (kg/ha) 854,0	942,0	1213,0	1241,0	1295,0
Baumwollproduktion (in 000 Tonnen) 142,0	118,0	150,0	165,0	139,0
Zahl von Traktoren (in 000 Stück) 37,7	16,6	24,0	31,4	35,6

(Quelle: Edwin J. Cohn, Turkish Economic, Social, and Political Change. The Development of a More Prosperous and Open Society, New York 1970, p. 18.)

Dem Aufschwung im Außenhandel entsprachen ein hohes Beschäftigungsniveau in den Städten und relative Prosperität in den Dörfern. Das Bruttosozialprodukt, das seit 1939 stagniert hatte, stieg in den ersten Jahren nach 1950 jährlich um rund 10%. Diese für die türkischen Verhältnisse bedeutende Steigerung erscheint besonders signifikant, wenn man berücksichtigt, daß der Index der Lebenshaltungskosten in einer ›Beamten‹-Stadt wie Ankara in den vier Jahren zwischen 1950 und 1954 von 100 auf nur 120 gestiegen war, und dies trotz der gleichzeitigen Verbesserung der binnenländischen Terms of trade zugunsten des Agrarsektors.

Was war in dieser neuen Ära aus der bisherigen etatistischen Wirtschaftspolitik geworden? Die Antwort lautet: Eine etatistische Politik wurde weiterhin verfolgt, wenn auch unter anderen ideologischen Vorzeichen und in veränderter Form. Die neue Regierung hatte zwar anfänglich die Privatisierung eines Großteils der Staatsbetriebe vorgesehen, und eine Zeitlang schien es so, als ob sie die Industrialisierung gänzlich dem Privatunternehmertum überlassen wollte. Die öffentlichen Mittel wurden primär zur infrastrukturellen Erschließung verwendet. Der Anteil des Privatkapitals an der industriellen Produktion stieg von 58% im Jahre 1950 auf 65% im Jahre 1954.

Unvorhergesehene Entwicklungen sollten jedoch die Regierung dazu zwingen, von ihren umfassenden Privatisierungsplänen Abstand zu nehmen. So zeigten die Privatunternehmer wenig Neigung, die staatlichen Betriebe zu übernehmen. Darin kam eine Besonderheit der Industrialisierung in der Türkei zum Ausdruck: Privatunternehmen waren hier überwiegend komplementär zum staatlichen Sektor entstanden und sahen gerade in ihrer Komplementarität ihren wesentlichen Vorteil (denn sie hatten bislang von der Zulieferung billiger Halbfabrikate durch die Staatsbetriebe profitiert). Direkte Übernahmen von Staatsbetrieben waren unter diesen Umständen nicht attraktiv. So scheiterte beispielsweise das Vorhaben, das staatliche Luftfahrtunternehmen und die staatliche Reederei in private Aktiengesellschaften umzuwandeln, mangels Interessenten.

Eine weitere Enttäuschung für die Regierung bedeutete das geringe Interesse des Auslandskapitals an Investitionen in der Türkei: Die zwischen 1950 und 1960 realisierten Investitionen machten ca. 112 Millionen TL, umgerechnet 40,5 Millionen US-Dollar aus. Lediglich 18% dieser Summe flossen dabei als Bargeld ein, während 74% aus Warenlieferungen und 8% aus Patentrechten bestanden.

So blieb die Industrialisierung notgedrungen Aufgabe des Staates, eine Aufgabe, die sich um die Mitte der 50er Jahre um so zwingender stellte, als die Agrarkonjunktur sich seit dem Ende des Koreakrieges abgeschwächt hatte und infolgedessen der Preisindex der landwirtschaftlichen Exportgüter der Türkei zu fallen begann, während der Preisindex der importierten Industrieerzeugnisse kontinuierlich anstieg. Dieses verstärkte Engagement des Staates im Wirtschaftsleben, zog eine Revision der anfänglich die Landwirtschaft begünstigenden Entwicklungsstrategie zugunsten rascher Industrialisierung nach sich. So stieg der Anteil der öffentlichen Investitionen am Gesamtinvestitionsvolumen von 38% im Jahre 1952 auf 62% im Jahre 1959 an, was zu einer bemerkenswerten Erhöhung der Produktion in einigen Bereichen führte. Die Zementerzeugung, z. B., war im Jahre 1960 um 416% höher als im Jahre 1950; in der Zuckerproduktion betrug die Steigerungsrate 369%, im Textilsektor 305% und bei der Elektrizitätserzeugung 256%.

2. Die erste Krise der jungen Demokratie

In den 50er Jahren gewann auch jener Prozeß in der Türkei an Dynamik, der später als ›Re-Islamisierung‹ apostrophiert werden sollte. Gewiß ist dieser Begriff insofern nicht zutreffend, als die Bevölkerung auch in der Zwischenkriegszeit islamisch geblieben war. Neu war allerdings, daß es nicht allein um die Respektierung der Religiosität des Volkes ging, sondern daß die Religion sich bald zu einem wichtigen politischen Faktor im Wahlkalkül der Parteien entwickelte. Vom Gebetsruf in arabischer Sprache über Koranrezitation im staatlichen Rundfunk bis hin zum Religionsunterricht als ordentliches Lehrfach in den Schulen wurden die Wünsche der ›schweigenden Mehrheit‹ Anatoliens erfüllt. Nicht zuletzt dadurch gelang es der DP, ihren Stimmenanteil in den Wahlen des Jahres 1954 nochmals auf 56,6% zu erhöhen.

Dieses Hervorkehren des islamischen Antlitzes der Türkei fiel – und das war bemerkenswert – in eine Zeit, in der sich das Land außenpolitisch die Positionen des Westens zu eigen machte und dadurch weitere Entfremdung von der islamischen

Welt in Kauf nahm: Ankara erkannte 1952 Israel diplomatisch an, unterstützte 1956 die anglo-französische Suez-Expedition und 1958 die Intervention der USA im Libanon. Die französische Algerien-Politik wurde von der Türkei im Sinne der NATO-Solidarität ebenfalls mitgetragen. Als jedoch die Türkei selbst immer tiefer in den Konflikt um Zypern hineinschlitterte, wurde bald klar, daß nicht allein die – schon verprellten – muslimischen ›Bruder‹-Staaten, sondern auch die westlichen Verbündeten kaum Verständnis für türkische Belange aufbrachten. Hier war ein Widerspruch, der auf längere Sicht unweigerlich zur Verschärfung der nationalen Identitätskrise in der Türkei beitragen mußte.

Wenn auch Abweichungen vom laizistischen Kurs und der ›würdevollen‹ Außenpolitik der kemalistischen Republik von der Opposition angeprangert wurden, so entstand die politische Krise der späten 50er Jahren unmittelbar als Folge von sozialen Verschiebungen innerhalb der Mittelschicht aufgrund der Industrialisierung. Die tendenziell zunehmende Bereitschaft der Regierung, in Partnerschaft mit Privatkapital sog. gemischtwirtschaftliche Unternehmen zu gründen, verschärfte eine seit Beginn des Etatismus latente Konkurrenz zwischen zwei Gruppen der Bürokratie: Da die Vergabe von Führungspositionen sowie die Höhe der Gehälter im Staatsdienst unter anderem von Seniorität abhingen, war man selten in der Lage, den meist jungen Managern und Ingenieuren attraktive Bedingungen anzubieten. Die klassischen Ressorts, vor allem die Ministerien für die Finanzen und für das Innere, wachten streng darüber, daß keine Gruppen mit Sonderstatus innerhalb der Bürokratie entstanden. Der wirtschaftliche Aufschwung nach 1950 vergrößerte aber den Bedarf an qualifiziertem Personal auch im Privatsektor erheblich. Die Folge war eine Abwanderung von Spezialisten von den Staatsbetrieben in die Privatwirtschaft. Die Regierung sah sich daher gezwungen, spezielle Besoldungskriterien in einigen Bereichen zuzulassen. Der dadurch evident gewordene Interessengegensatz zwischen der neuen Elite der ›Technokraten‹ einerseits und der traditionellen Elite der zivilen und militärischen Bürokratie andererseits vertiefte sich in dem Maße, wie die Bezieher von fixen Einkommen infolge der Geldentwertung nach 1954 empfindliche Einbußen an ihrem Lebensstandard hinnehmen mußten. Zu den betroffenen Gruppen gehörten vor allem das Offizierskorps und die Verwaltungsbürokratie. Dagegen blieben die Arbeiter in den Städten von der Inflation praktisch unberührt, weil die Reallöhne nicht fielen. Ebensowenig wurde die Landbevölkerung durch die Inflation in Mitleidenschaft gezogen; jene Bauern, die für die städtischen Märkte produzierten, profitierten sogar davon.

Der Prozeß der Demokratisierung wird in einem Entwicklungsland wie der Türkei sehr stark von wirtschaftlichen Engpässen und Krisen beeinflußt. So hatte auch die politische Krise der späten 50er Jahre in einer zunehmend schwieriger werdenden wirtschaftlichen Lage ihren Ausgang: Einschränkung und genauere Kontrolle des Imports sowie eine strengere Devisenbewirtschaftung beendeten schon im September 1953 die Epoche des seit 1948 praktizierten liberalen Außenhandels. Infolge einer staatsdirigistischen Devisenbewirtschaftung klafften die offizielle Notierung der Leitwährung US-Dollar und dessen Wert auf dem Schwarzmarkt immer mehr auseinander. (Für einen US-Dollar bekam man 1958 offiziell 2,80 TL, auf dem freien Markt jedoch bereits 10,00 TL.) So sah sich die Regierung am 4. August 1958 gezwungen, die Lira zu devaluieren (etwa auf ihren realen Wert). Im Gegenzug gewährten die westlichen Nationen einen Zahlungsaufschub für die türkischen Staatsschulden (600 Millionen US-Dollar) und sagten neue Kredite in Höhe von mehreren hundert Millionen Dollar zu.

Die Verschlechterung der wirtschaftlichen Lage, verbunden mit dem Prestigeverlust der Regierung, rückte eine Gruppe innerhalb des politischen Establishments in den Vordergrund: die Militärs. Das Verhältnis zwischen Militär und Politik war seit der spätosmanischen Zeit immer delikat gewesen, ist doch das moderne türkische Heer im wesentlichen von der Ideologie des Jungtürkentums geprägt. Nach der Gründung der Republik blieben zwar die Streitkräfte längere Zeit der Politik fern, aber an der Spitze des Staates standen auch ehemalige Offiziere wie Atatürk und İnönü. Nach der Wende von 1950 waren die Zivilisten Bayar und Menderes der Armee gegenüber zu Recht mißtrauisch. Sie kannten die kemalistische Grundhaltung des Offizierskorps und vermuteten richtig, daß die Armeeführung mit dem Kampfgefährten Atatürks, İnönü, sympathisierte.

Die türkischen Streitkräfte der 50er Jahre befanden sich in einer tiefgehenden Umstrukturierung, ohne daß diese konsequent durchgeführt worden wäre. Die Ausrüstung der Armee war mangelhaft. Obwohl die Mannschaftsstärke der Truppe seit dem Ende des Zweiten Weltkrieges erheblich reduziert worden war, blieb das Offizierskorps disproportional groß: Es gab zu viele Majore und Obersten, vor allem aber gab es zu viele Generäle, mit der Konsequenz, daß die nachrückenden jüngeren Kader wenig Aufstiegschancen hatten. Die Frustrationen der jüngeren Ränge verschärften sich in dem Maße, wie immer mehr türkische Offiziere Auslandserfahrung sammeln konnten. Seit 1950 gab es eine türkische Brigade in Korea, und zahlreiche junge Offiziere wurden im Rahmen verschiedener NATO-Lehrprogramme und Übungen nach Europa und in die USA entsandt. Diese erste Öffnung in der Geschichte der Republik trug zur Bewußtwerdung der Kraßheit der Unterschiede zwischen der Türkei und dem Rest der westlichen Welt bei.

So war es nicht verwunderlich, daß die Kritik an der Regierung durch die oppositionelle RVP hauptsächlich bei bürokratischen Schichten und insbesondere innerhalb des Offizierskorps Anklang fand. Wenn aber diese Kritik langfristig immer mehr an Schlagkraft gewinnen konnte, so doch nur deshalb, weil eine zunehmend autoritär reagierende Regierung Beunruhigung unter den gebildeten Schichten des Landes ausgelöst hatte. Irritiert durch Schwierigkeiten im Wirtschaftsbereich, geriet nämlich Ministerpräsident Menderes gegen Ende der 50er Jahre in Versuchung, die Opposition mittels fragwürdiger Methoden mundtot zu machen. Dadurch gab er den sog. ›lebendigen Kräfte‹ der Gesellschaft, d. h. der Presse, der Intelligenz und der Studentenschaft, die Möglichkeit, sich gleichsam zu einer moralischen Anklageinstanz gegen die Regierung zu formieren. Noch mehr als Preisstabilität wurden jetzt Pressefreiheit, Menschenrechte, Autonomie für die Hochschulen und, allen voran, die Bewahrung des kemalistischen Reformwerkes zu politischen Kampfparolen. Blutige Straßendemonstrationen und, in deren Folge, die Einschaltung des Militärs zur Herstellung von Ruhe und Ordnung bahnten den Weg zum Staatsstreich von 1960.

V. Kapitel: Militärs und Demokratie, die 60er und 70er Jahre

1. Die Militärjunta von 1960, die wirtschaftliche Neuorientierung und die demokratische Öffnung nach links

Am Morgen des 27. Mai 1960 verkündete der später sehr bekannt gewordene Oberst Alpaslan Türkeş im Radio Ankara, daß ein ›Komitee für Nationale Einheit‹ (KNE) im Namen der Streitkräfte die Macht im Staate übernommen habe, um einen drohenden Bürgerkrieg zu verhindern. Nur der Form wegen von einem General (Cemal Gürsel) angeführt, bestand das KNE durchweg aus jüngeren Offizieren, die bald durchsetzten, daß 235 von den insgesamt 260 aktiven Generälen sowie rund 5000 Offiziere unter Generalsrang frühzeitig in Pension entlassen wurden. Diese sehr umstrittene Maßnahme verdeutlicht, daß das Militär bei der Intervention des Jahres 1960 kaum als monolithisches Machtinstrument gehandelt hat.

Selbst die Junta war von Anfang an gespalten. Eine Gruppe um Türkeş schien entschlossen, für längere Zeit an der Macht zu bleiben, um Staat und Gesellschaft nachhaltig zu reformieren. Diese ›Radikalen‹ erreichten nicht nur, daß die Demokratische Partei Ende September 1960 aufgelöst wurde. Auch die Entlassung von 147 Universitätsprofessoren aus ihren Ämtern im Oktober desselben Jahres war ihr Werk. Oberst Türkeş plante zudem, durch die Einführung eines neuen Ressorts unter der Bezeichnung ›Ideal- und Kultureinheit der Türkei‹ die Funktionsbereiche des bisherigen Ministeriums für Nationale Erziehung und des Generaldirektoriums für Religionsangelegenheiten unter eigener Regie zusammenzufassen. Das Ziel war unverkennbar, Kultur, Religion und Wissenschaft, wie in einem totalitären System, gleichzuschalten.

Der Aktionismus des Obersten Türkeş blieb jedoch nicht unwidersprochen. Die Generäle, die sich durch den Staatsstreich der unteren Ränge überrumpelt fühlten, schlossen sich in einem Bund – ›Union der Streitkräfte‹ – zusammen. Man beabsichtigte, den Einfluß der Junta innerhalb der Armee einzuschränken und künftighin zu verhindern, daß es je wieder zu einem Obristenputsch in der Türkei kam. Nötigenfalls würden die Generäle selber putschen! Unter diesen Bedingungen formierten sich die gemäßigteren Mitglieder des KNE in einer Mehrheitsfront gegen die Fraktion von Türkeş. Als Liberale wünschten sie lediglich solche Reformen verwirklicht zu sehen, die von der oppositionellen Republikanischen Volkspartei in den späten 50er Jahren formuliert und gefordert worden waren. So beauftragte man schon in den ersten Tagen nach dem Putsch einen Ausschuß von Jura-Professoren mit der Ausarbeitung einer neuen Verfassung. Bereits am 12. Juni 1960 wurden eine provisorische Verfassung verkündet und eine zivile Übergangsregierung gebildet. Dabei lehnte man sich, personell wie konzeptionell, an die CHP an. Aus der Sicht der breiten Massen war diese Entwicklung gleichsam eine Verlängerung der innenpolitischen Streitigkeiten der 50er Jahre, und die Militärjunta verlor bald ihren Nimbus als parteiungebundene, nationale Institution und erschien zunehmend als Komplize der CHP.

Im Sinne der CHP sah der Entwurf der neuen Verfassung, der Anfang 1961 in einer verfassungsgebenden Versammlung zu Diskussion gestellt wurde, ein bikamerales parlamentarisches System vor. Intendiert war – auch mit Hilfe flankierender Institutionen wie Verfassungsgerichtsbarkeit, uneingeschränkte Pressefreiheit sowie Autonomie für Hochschulen –, zu verhindern, daß eine arithmetische Majorität, wie in den 50er Jahren geschehen, je wieder ein Machtmonopol in der Türkei erringen konnte. Die Entwicklung schien einen wirklich pluralistischen Parlamentarismus zu begünstigen, und schon im Januar 1961, als das Verbot für politische Tätigkeit gelockert wurde, entstanden elf neue Parteien. Die insgesamt optimistische Stimmung erhielt jedoch im Frühherbst 1961 einen deutlichen Dämpfer: Zur Enttäuschung der Militärjunta erklärten sich in einem Referendum am 7. September 1961 lediglich 61,7% der stimmberechtigten Bürger für die Annahme der neuen Verfassung, während eine beachtliche Minderheit von 38,3% sich dagegen aussprach. In elf Provinzen, alle ehemalige Hochburgen der DP, wurde die Verfassung glatt abgelehnt.

Dem Referendum folgte einige Tage später die Hinrichtung der drei Führer der verbotenen DP: Über 500 ehemalige Politiker waren von der Militärjunta vor ein Sondertribunal gestellt und in einem längeren, schauprozeßartig geführten Verfahren vor allem wegen Vergehen gegen die Verfassung angeklagt worden. Das Gericht verhängte 15 Todesstrafen, von denen drei – Exaußenminister Zorlu, Exfinanzminister Polatkan sowie Expremier Menderes – trotz zahlreicher Gnadenersuche aus dem In- und Ausland am 16./17. September 1961 vollstreckt wurden. Diese inhumane wie sinnlose Tat zementierte die politische Polarisierung im Lande. Die Parlamentswahlen vom 15. Oktober 1961 gewann die CHP nur mit einer knappen Mehrheit: Sie erhielt 36,7% der Stimmen (173 Sitze) gegenüber 34,7% (158 Sitze) der ›Gerechtigkeitspartei‹ (*Adalet Partisi*, AP) und 13,9% der ›Partei der Neuen Türkei‹ (*Yeni Türkiye Partisi*), beide Nachfolgeorganisationen der verbotenen DP. Die enttäuschten ›revolutionären‹ Offiziere planten daraufhin einen neuen Putsch. Aber die Generalität wußte diesmal eine solche Intervention zu vereiteln. Sie drängte zugleich die politischen Parteien zu Kompromißbereitschaft. So kam am 20. November 1961 die erste Koalitionsregierung unter der Führung des ehemaligen Staatspräsidenten İnönü zustande.

Trotzdem war der Weg zurück zur Normalität der Zivilregierungen nicht frei von Hindernissen: Schon am 22. Februar 1962 unternahm Oberst Talat Aydemir, Kommandant der Militärakademie in Ankara, einen Putschversuch. Die Streitkräfte blieben jedoch der Regierung İnönü loyal, und Oberst Aydemir konnte dankbar sein, daß er großzügig begnadigt wurde. Gleichsam als Belohnung für die Loyalität der Streitkräfte nahm die Regierung nun hin, daß im März 1962 ein ›Rat für Nationale Sicherheit‹ (*Milli Güvenlik Kurulu*) geschaffen wurde, und zwar als ein verfassungsmäßiges Organ der Republik neben und sogar über dem Kabinett. Unter dem Vorsitz des Staatspräsidenten, der ja damals ohnehin ein General (Cemal Gürsel) war, sollten die Befehlshaber der Land-, See- und Luftstreitkräfte, der Chef des Generalstabes sowie einige wenige Fachminister eine ›beratende‹ Funktion gegenüber der Regierung ausüben. Bald begann jedoch der Nationale Sicherheitsrat eine bestimmende Rolle in der türkischen Politik zu spielen.

Dermaßen in die Politik integriert, revanchierte sich die Armee im November 1962 dadurch, daß General Cemal Gürsel die Junta von 1960, das Komitee für Nationale Einheit, für aufgelöst erklärte, freilich mit dem Ziel, die radikalen Offiziere unter der Führung von Türkeş auszumanövrieren. Denn es wurde anschließend ein neues Komitee für Nationale Einheit gebildet, in dem die Namen von 14 Offizieren des ersten Komitees, darunter der von Türkeş, fehlten. Als dann der schon erwähnte Oberst Talat Aydemir im Mai 1963 zum zweiten Mal putschen wollte, wurde er kurzerhand zum Tode verurteilt.

Allmählich fand die Türkei wieder zu einem geregelten Parlamentarismus zurück, stabile Regierungen gehörten jedoch mittlerweile der Vergangenheit an. Ein Politiker wie İsmet İnönü, der auf eine fast dreißigjährige Erfahrung als Chef eines Einparteienstaates zurückblicken konnte, war nun ständig mit dem Zusammenkitten wackeliger Koalitionsregierungen beschäftigt.

Die am 20. November 1961 gebildete Regierung İnönü stützte sich auf eine Koalition zwischen der CHP und der Gerechtigkeitspartei. Aber schon einige Monate später brach sie über der Frage einer Amnestie für die DP-Führung auseinander, und im Juni 1962 kam die zweite Koalitionsregierung İnönü zustande, diesmal in Partnerschaft mit zwei anderen kleineren Parteien. Im Dezember 1963 löste sich auch diese Koalition auf, und İnönü mußte seine dritte Regierung mit Unterstützung lediglich der unabhängigen Abgeordneten im Parlament zustande bringen. Im Februar 1965 gab İnönü endgültig auf, weil seine Regierung nicht in der Lage war, den Staatshaushalt durch das Parlament bestätigen zu lassen. Eine Interimsregierung unter Suat Hayri Ürgüplü (unabhängig) führte die Geschäfte bis zu den Wahlen im Oktober 1965.

Die Ergebnisse dieser Wahlen waren sensationell: Die AP, die nun von einem politisch wenig erfahrenen Ingenieur, Süleyman Demirel, geführt wurde, erhielt 52,9% der Stimmen, die CHP İnönüs dagegen nur 28,7%, während es die übrigen Parteien zusammen auf knapp 7% brachten. Damit hatte das seit 1960 verfemte Lager der alten DP auf ganzer Front gesiegt. Die Gerechtigkeitspartei – quasi als Erbin der DP – war nunmehr in der Lage, die Regierung allein zu bilden.

Was die wirtschaftspolitische Einstellung der Regierung nach 1960 betrifft, so blieb die Zielsetzung der Ära Menderes weiterhin gültig: Das Land rang hart um das Problem einer nachholenden Entwicklung zu einer Industrienation. Eine Neuorientierung vor allem in bezug auf die Rahmenbedingungen dieser Entwicklung erschien jedoch unvermeidlich. So enthielt die neue Verfassung in dieser Hinsicht einige Vorgaben: Der Staat hatte z. B. für ›soziale Gerechtigkeit‹ zu sorgen. Die bisher benachteiligten Schichten sollten eine verdiente Besserstellung erfahren. Dazu war ein freier Arbeitsmarkt mit Tarifautonomie der Wirtschaftsverbände und Gewerkschaften eine Voraussetzung. Die neue, besonders von der schwedischen Sozialdemokratie inspirierte Ordnung brauchte auch eine planvolle Steuerung der wirtschaftlichen Entwicklung. Die Verfassung schrieb daher die Errichtung eines staatlichen Planungsamtes vor, mit dem Auftrag, die verbindlichen Fünfjahrespläne der Republik auszuarbeiten.

Wiederum war die umfassende Industrialisierung das oberste Ziel. Auf dem Weg dorthin erschien in den 60er Jahren eine importsubstituierende Entwicklungsstrategie als Gebot der Stunde. Die Einfuhr von Industrieerzeugnissen sollte eingeschränkt werden, damit ein geschützter Binnenmarkt für die einheimischen Unternehmer entstand, die nun praktisch Monopolprofite erzielen durften. Die Folge war in der Tat eine beachtliche Industrialisierung, so daß bald Kühlschränke, Waschmaschinen, Fernsehgeräte, Automobile, Traktoren und v.a.m. aus heimischer Produktion auf den Binnenmarkt kamen. Freilich basierte diese Produktion letztlich auf fremder Technologie, auf importierten Rohstoffen und Vorprodukten, d. h., die Einsparungen an harter Währung waren gering. Da der türkische Export weiterhin aus traditionellen Agrargütern bestand, deren Preise stagnierten, wuchs das Zahlungsbilanzdefizit des Landes beständig.

In diesem Rahmen gewann der Export von Arbeitskräften an Bedeutung, und die staatliche Planungsstelle wies schon früh auf die darin liegenden gesellschaftlichen Vorteile hin: Das vom raschen Bevölkerungswachstum herrührende Problem der Arbeitslosigkeit würde entschärft; die in die Heimat transferierten Ersparnisse der Arbeitsmigranten würden sich als ein wirksames Mittel zur Deckung des Zahlungsbilanzdefizits erweisen. (Sie würden natürlich auch die Binnennachfrage beleben.) Nicht zuletzt erhoffte man sich vom Export von Arbeitskräften die Heranbildung einer qualifizierten Facharbeiterschaft, die der Industrialisierung in der Türkei zugute kommen würde. Mit dem Abkommen von Ankara 1963 begann ein mehr oder weniger geregelter Export von Arbeitskräften vor allem nach

Deutschland, aber auch nach den Niederlanden, Frankreich, Dänemark und Skandinavien. Die Zahl der Ausgewanderten erreichte bis zu Beginn der 90er Jahre drei Millionen, davon etwa 1,8 Millionen in Deutschland. Auch die Zahl derer, die in dieser Periode für eine Weile im Ausland gelebt und dann wieder in die Heimat zurückgekehrt waren, betrug noch einmal fast soviel.

Eine Entwicklungspolitik allerdings, die allzusehr auf die Überweisungen von Arbeitsmigranten angewiesen war, war in letzter Analyse auf Sand gebaut. In der Rezession des Jahres 1967 nahm die Zahl der Rückkehrer aus Deutschland rapide zu, und parallel dazu schrumpften die Überweisungen der ›Gastarbeiter‹. Das 1961 innerhalb der OECD gegründete Hilfskonsortium für die Türkei begann, auf Abwertung der türkischen Währung und Liberalisierung des Außenhandels zu drängen. Wieder einmal war es eine wirtschaftliche Krise, die das politische System der Türkei ins Wanken brachte. Die Regierung Demirel sah sich gezwungen, eine Kurskorrektur vorzunehmen. Am 10. August 1970 wurde die türkische Währung abgewertet, indem man den amtlichen Dollarkurs von 9 auf 15 TL anhob.

Die 60er Jahre nehmen auch in ideologiegeschichtlicher Hinsicht eine Sonderstellung ein. Die Militärintervention wurde gerade von der kritischen Intelligenz als Demokratisierungsschritt mit Begeisterung unterstützt. In der Tat ließ die Junta eine liberale Verfassung ausarbeiten, die alle formalen Freiheiten einer westlichen Demokratie zu gewähren schien. Ein Aufschwung im Pressewesen und vor allem in der politisch-kulturellen Publizistik war die positive Folgeerscheinung. Es war nunmehr gestattet, auch marxistische Literatur zu drucken und marxistisch orientierte politische Organisationen zu gründen.

Unter diesen Bedingungen wurde die strukturelle Unterentwicklung des Landes zum beherrschenden Thema der politischen Diskussion. Daß die Türkei ein unterentwickeltes Land war, darüber herrschte Einigkeit: Seit 1950 in einem Prozeß der Eingliederung in den neokapitalistischen Weltmarkt, wies Anatolien mit einer außerordentlich rasch wachsenden Bevölkerung alle Attribute einer rückständigen Region auf. Die zunehmende Mechanisierung im Agrarbereich, begleitet von einer – wenn auch noch bescheidenen – Industrialisierung in den Küstengebieten, hatte die Landflucht verstärkt, und die Zahl der Arbeitslosen in den Städten war bedrohlich angewachsen. Was waren aber die historischen Ursachen dieser Rückständigkeit, wer trug dafür die Verantwortung? Hatte man auch in der türkischen Geschichte einen Feudalismus wie in der mittelalterlichen Geschichte Europas gekannt, oder war hier die sog. ›Asiatische Produktionsweise‹ maßgebend gewesen? Hatten etwa der Imperialismus und das Gesetz des ›ungleichen Tausches‹ die Unterentwicklung der Türkei verursacht, oder sollten die Ursachen eher in den inneren Strukturen der osmanisch-türkischen Gesellschaft, etwa in den Beziehungen zwischen Staatsgewalt und Privatinitiative, gesucht werden? Auf welchem Wege könnte sich die Türkei zu einer modernen Industrienation entwickeln? Solche Fragen und Überlegungen wurden besonders in der sozialistischen Presse, u. a. in der Zeitschrift *Yön* (Richtung), artikuliert und diskutiert.

Das hatte zur Folge, daß die staatlichen Bildungsinstitutionen, die ihren politisch-kulturellen Auftrag weiterhin im Geiste einer kemalistisch-nationalistischen Dogmatik zu erfüllen suchten, ihren Einfluß auf die Entwicklungen im ideologischen Bereich rapide einbüßten. Die Jugend suchte ihre Geschichtsbilder und Zukunftsvisionen vielmehr in popularisierenden Darstellungen, deren Autoren nur selten dem akademischen Establishment gehörten. Großes Interesse für die sozialen und politischen Probleme des Landes, verbunden mit einem beträchtlichen Maß an Aktionismus, ließ im Rahmen der Protestbewegung gegen den Vietnamkrieg, gegen die US-amerikanische Militärpräsenz auf türkischem Boden und gegen die NATO-Mitgliedschaft der Türkei radikale Jugendorganisationen entstehen, die ihre Aktivitäten als Beitrag zur Vorbereitung der allgemeinen Revolution begriffen. Gegenüber diesen linken Gruppierungen formierte sich auch ein turkistisch-national orientierter Rechtsblock, aus dem später die ›Nationale Aktionspartei‹ unter der Führung des Obristen Türkeş hervorging.

Die Ideologisierung erfaßte sogar die alte Partei İnönüs. Bülent Ecevit setzte auf dem IV. Außerordentlichen Kongreß der CHP am 28. April 1967 gegen den Widerstand İnönüs eine politische Linie ›links von der Mitte‹ durch. Daraufhin verließen zwar 47 Abgeordnete und Senatoren prompt die Partei (sie gründeten die ›Vertrauenspartei‹ unter Turhan Feyzioğlu). Doch auf lange Sicht war dem neuen Slogan durchaus Erfolg beschieden, wenn auch die Wahlen des Jahres 1969 zunächst wiederum eine beachtliche Mehrheit für die Gerechtigkeitspartei Demirels brachten. Auf dem rechten Spektrum gründete Necmettin Erbakan Anfang 1970 seine islamistische ›Nationale Ordnungspartei‹ (*Millî Nizâm Partisi*). Im Dezember 1970 schließlich kam es zu einer Abspaltung von der Gerechtigkeitspartei Demirels, als der rechte Flügel (41 Abgeordnete) sich unter der Führung von Ferruh Bozbeyli zu einer ›Demokratischen Partei‹ formierte.

2. Von der Militärintervention zur Zypernkrise, 1971–74

Die Instabilität der Parteienlandschaft und die allmählich überhandnehmenden Terrorakte extremistischer Gruppen dienten nun als Anlaß für eine neuerliche Intervention des Militärs. Die Generalität forderte in einem Memorandum vom 12. März 1971 von Ministerpräsident Demirel eine starke Regierung, um Reformen im Geiste Atatürks durchzuführen. Falls die Regierung sich dazu unfähig erwiese, würden die Streitkräfte die Macht übernehmen. Angesichts dieser Drohung demissionierte Demirel. Eine neue Regierung, bestehend aus konservativ-kemalistischen Politikern unter dem ehemaligen Generalsekretär der CHP Nihat Erim, übernahm die Aufgabe, die zerrütteten Finanzen zu sanieren und die politische Krise zu meistern.

Obwohl die Militärs diesmal die Macht nicht direkt übernommen hatten, handelte es sich doch um einen verdeckten Putsch. Von entscheidender Bedeutung für die weitere Entwicklung war die Revision der liberalen Verfassung von 1961: Die bürgerlichen Freiheiten, das Streikrecht der Arbeitnehmer, die Autonomie der Hochschulen, der Status des Verfassungsgerichts – alle demokratischen Errungenschaften der 60er Jahre – wurden entweder drastisch eingeschränkt oder völlig aufgehoben. Am 27. April 1971 verhängte der Nationale Sicherheitsrat in elf Provinzen des Landes das Kriegsrecht; betroffen waren neben den Ballungszentren des Westens vor allem die kurdischen Gebiete im Südosten. Die Verfolgung linker wie liberaler Kräfte verschärfte sich, als Aktivisten der geheimen ›Türkischen Volksbefreiungsarmee‹ am 17. Mai 1971 den israelischen

Generalkonsul in Istanbul entführten und einige Tage später ermordeten. Über 5000 Personen, meist linke Politiker, Schriftsteller, Journalisten und Hochschullehrer, wurden verhaftet. Aber auch die islamistische ›Nationale Ordnungspartei‹ Erbakans mußte sich nun aufgrund eines Beschlusses des Verfassungsgerichts auflösen. Im Juli 1971 folgte das Verbot der marxistischen ›Arbeiterpartei der Türkei‹ (TIP).

Durch diese Maßnahmen konnten die Militärs schwerlich Sympathien in der Bevölkerung gewinnen. Der rechte Kemalist Nihat Erim sah sich veranlaßt, schon im April 1972 zu demissionieren. (Die neue Regierung wurde von Ferit Melen geführt.) Während sich İnönü und sogar Demirel der Generalität gegenüber ausgesprochen zuvorkommend verhielten, profilierte sich vor allem Bülent Ecevit als Kritiker der Armeeführung. Im Mai 1972 gelang es Ecevit sogar, die Mehrheit innerhalb der CHP gegen İnönü zu mobilisieren, so daß der greise Politiker sich gezwungen sah, die Partei, die er mit Atatürk gemeinsam gegründet hatte, zu verlassen.

Die Dominanz des Militärs im politischen Leben des Landes konnte erst im Jahre 1973 abgeschwächt werden. Die Präsidentschaft General Cevdet Sunays, der 1966 den kranken Cemal Gürsel ersetzt hatte, lief nun aus. Die Streitkräfte verfolgten die Absicht, wieder einen General, den Chef des Generalstabes Faruk Gürler, zum höchsten Amt im Staate vom Parlament wählen zu lassen. Die politischen Parteien zeigten sich aber diesmal entschlossen, das Machtmonopol des Militärs zu brechen. Nach 15 ergebnislosen Abstimmungen wurde schließlich Fahri Korutürk, zwar ein Admiral a.D., doch kein Kandidat des Militärs, zum Präsidenten der Republik gewählt. Noch wichtiger: Die allgemeinen Wahlen im Oktober 1973 gewann überraschend die nunmehr sozialdemokratisch auftretende Republikanische Volkspartei (CHP) Ecevits: Sie erhielt 33,5% der Stimmen gegenüber 29,5% der Gerechtigkeitspartei Demirels. Im Januar 1974 kam es dann zur Bildung einer bemerkenswerten Koalitionsregierung zwischen der islamistischen ›Nationalen Heilspartei‹ (*Millî Selâmet Partisi*, MSP) Necmettin Erbakans und der CHP Ecevits. Diese als ›historischer Kompromiß‹ apostrophierte Verbindung sollte sich zwar als kurzlebig erweisen, beruhte aber dennoch auf gemeinsamen Antipathien gegen eine Politik, die die Interessen der nationalen Bourgeoisie im anatolischen Binnenland ebenso wie die der Bevölkerungsschichten mit fixem Einkommen (Arbeitnehmer, Angestellte, Beamte) in den Ballungszentren der Küstengebiete zugunsten eines kulturell wie wirtschaftlich fragwürdigen Anschlusses an den kapitalistischen Westen zu ignorieren schien.

Die bald ausbrechende Krise um Zypern traf die Türkei somit in einem nationalistischen Hochgefühl. Die Bestrebungen der griechisch-orthodoxen Mehrheit auf der Insel, den Anschluß an das griechische Mutterland durchzusetzen, hatte die Zypernfrage schon in den 50er Jahren zu einem beherrschenden Thema der türkischen Außenpolitik werden lassen. Der Regierung Menderes war es 1959 gelungen, eine Verständigung mit Griechenland und Großbritannien in dieser Frage zu erzielen (die Verträge von Zürich und London). So wurde die Errichtung einer zyprischen Republik unter gemeinsamer Garantie Großbritanniens, Griechenlands und der Türkei beschlossen. Die Verfassung des Inselstaates räumte dem von der türkischen Volksgruppe zu stellenden Vizepräsidenten ein Vetorecht in allen wichtigen Fragen ein. Bei Verabschiedung neuer Gesetze sollten die griechischen und türkischen Abgeordneten im Parlament getrennt abstimmen; beide Volksgruppen sollten ferner über getrennte Gemeindeverwaltungen und Justizbehörden verfügen. Die Stellen im öffentlichen Dienst waren im Verhältnis von 70 zu 30 für Griechen und Türken reserviert, obwohl die letzteren nur 18% der Bevölkerung ausmachten. Bei den Sicherheitskräften sollte gar ein Verhältnis von 60 zu 40 beachtet werden. Auf dieser Basis entstand am 16. August 1960 die unabhängige Republik Zypern.

Der Modus vivendi zwischen den beiden Volksgruppen erwies sich jedoch bald als nicht tragfähig. Der Präsident der Inselrepublik, Erzbischof Makarios, verlangte Ende November 1963 von der türkischen Seite ultimativ, einer gründlichen Revision der Verfassung zuzustimmen: Der dualistische Staatsaufbau mit Vetorechten für die kleinere Volksgruppe und vor allem die relative Überrepräsentation der Türken in Regierung und Verwaltung sollten abgeschafft werden. Die Ablehnung dieser Forderungen beantwortete die griechische Seite mit bewaffneten Angriffen auf die türkische Volksgruppe. Der Konflikt drohte in einen Krieg zwischen Griechenland und der Türkei auszuarten, als die Regierung İnönü Mitte März 1964 militärische

Maßnahmen für den Fall ankündigte, daß die Übergriffe auf die türkische Volksgruppe auf Zypern nicht aufhörten. Erst die Entsendung einer UNO-Friedenstruppe nach Zypern und eine eindringliche Warnung von seiten der USA zwangen die Türkei, von ihrer Position abzurücken.

Zu einer noch gefährlicheren Krise spitzte sich die Entwicklung der Zypernfrage im Jahre 1967 zu. Die seit April regierende Militärjunta in Griechenland heizte die nationalistische Stimmung an, mit dem Ziel, die langersehnte *Enosis* Zyperns mit dem hellenischen Mutterland herbeizuführen. Als die griechisch-zypriotische Nationalgarde am 15. November 1967 türkisch-zypriotische Stellungen bei Aghios Theodoros und Kophinou angriff, drohte Ankara erneut mit militärischer Intervention. Nur die Annahme ultimativer türkischer Forderungen (u. a. Abzug einer illegalen griechischen Division aus Zypern) durch die Athener Regierung verhinderte eine gefährliche Eskalation im östlichen Mittelmeer.

Nach 1967 trat die Zypernfrage, bedingt durch die Aufgabe der Politik der *Enosis* durch die Regierung Makarios, in eine neue Phase. Im Frühjahr 1968 wurde eine seit Jahren praktizierte Wirtschaftsblockade gegen die türkisch-zypriotischen Enklaven aufgehoben. Klerides, Parlamentspräsident in Nikosia, bezeichnete nun *Enosis* als ›politischen Romantizismus von Teenagern‹, und im Juni 1968 begannen die Volksgruppengespräche zwischen Klerides und Denktaş. Die enosistische ›Nationale Front‹ auf Zypern reagierte auf diese Wende mit subversiven Aktionen gegen Erzbischof Makarios, der begonnen hatte, sich immer mehr auf die Solidarität der blockfreien Staaten und die Unterstützung des Ostblocks zu verlassen. In der Folge verschlechterten sich die Beziehungen zwischen den griechischen Natonalisten, die kein zweites Zentrum des Hellenismus neben Athen zu dulden bereit waren, und der Regierung Makarios rapide. Die gefürchtete Terrororganisation EOKA ging auf der Insel erneut in die Offensive; das Ziel ihrer Aktionen waren nun die Regierung in Nikosia und die Person Makarios selbst.

Auf den Umsturz der Regierung Makarios durch die griechisch-zypriotische Nationalgarde am 15. Juli 1974 reagierte die Regierung in Ankara energisch, um als Garantiemacht die verfassungsmäßige Ordnung der Inselrepublik zu sichern und –

das war für Ankara wichtiger – einen drohenden Anschluß der Insel an Griechenland zu verhindern. Ministerpräsident Ecevit forderte die andere Garantiemacht Großbritannien auf, gemeinsam mit der Türkei zu intervenieren. (Die dritte Garantiemacht Griechenland wurde als Urheber des Staatsstreichs angesehen.) Da aber London passiv blieb, entschloß man sich in Ankara zu einem Alleingang. Am 20. Juli 1974 begann die türkische Militärintervention auf Zypern.

Nach einigen Tagen wurde durch die Vermittlung der UNO ein Waffenstillstand geschlossen, und am 25.-30. Juli und dann am 8.-14. August verhandelten in Genf die Vertreter Griechenlands (wo die Junta inzwischen durch die Regierung Karamanlis ersetzt worden war), Großbritanniens, der Türkei sowie griechische und türkische Vertreter aus Zypern über eine Lösung des Zypernproblems. Als diese Bemühungen scheiterten, gingen die türkischen Truppen auf Zypern von ihren Brückenköpfen im Norden aus erneut in die Offensive und brachten bis zum 16. August 1974 fast 40% des Inselterritoriums unter ihre Kontrolle.

Ministerpräsident Ecevit unternahm nun, auf dem Höhepunkt seines Ruhmes – von der Boulevardpresse wurde er als ›Held von Zypern‹ gefeiert –, den Versuch, vorzeitige Wahlen durchzusetzen. Mit dieser Absicht trat er Mitte September 1974 überraschend zurück und scheiterte. Denn die übrigen Parteien, denen aus verständlichen Gründen an Neuwahlen nicht gelegen war, konnten den ›Schachzug‹ Ecevits erfolgreich durchkreuzen. Das Ergebnis war eine schwache Interimsregierung unter Sadi Irmak, bis Süleyman Demirel die Parteien des rechten Spektrums Ende März 1975 in einer Koalition der ›Nationalistischen Front‹ (*Milliyetçi Cephe*) einte.

3. Die Wende zur ›Nationalistischen Front‹ und die Krise des politischen Systems, 1975–80

Dieser Rechtsruck hat in der Geschichte der türkischen Republik Weichen gestellt. Innerhalb rechtskonservativer Kreise hatte man die Liberalisierung des politischen Lebens seit den 60er Jahren mit Besorgnis verfolgt. Man sah die traditionelle türkische Kultur bereits in ihren Grundlagen erschüttert. Namentlich wurden der internationale Kommunismus und die auf Konsum basierende Lebensweise des Westens für die kulturelle Zersetzung verantwortlich gemacht. Die zunehmende politische Instabilität gegen Ende der 60er Jahre schien die schlimmsten Befürchtungen der Rechten zu bestätigen.

Auch die traditionell kemalistischen Eliten – Offizierskorps, Bürokratie – begannen in dieser Zeit in den rechten Gruppierungen potentielle Partner bei der Verteidigung der Macht in einer sich schnell wandelnden Gesellschaft zu sehen. So kam es, daß Organisationen mit extrem nationalistischer und antikommunistischer Programmatik wie der ›Türkistenverein‹ (*Türkçüler Derneği*), die ›Union der türkischen Nationalisten‹ (*Türkiye Milliyetçiler Birliği*) oder die ›Nationale Union türkischer Studenten‹ (*Millî Türk Talebe Birliği*) von staatlichen Instanzen nicht nur stillschweigend in Kauf genommen, sondern immer mehr aktiv unterstützt wurden. Der Boden für die Gründung der ›Nationalistischen Aktionspartei‹ (*Milliyetçi Hareket Partisi*, MHP) des Obristen Alparslan Türkeş im Jahre 1969 war längst vorbereitet.

Die MHP profitierte erheblich von der politischen Krise der Jahre 1971–73. Ihr erklärtes Ziel war die Eliminierung aller Faktoren, die der Verwirklichung der türkistischen Ideale im Wege standen. Sie forderte eine rücksichtslose Unterdrückung linker Organisationen ebenso wie separatistischer kurdischer Gruppierungen. Mit einer solchen Programmatik war die Partei, obwohl ihre Existenz eindeutig dem Geist der Verfassung widersprach, respektabel genug, um als Koalitionspartner in die Regierungen der ›Nationalistischen Front‹ aufgenommen zu werden, die unter der Führung der liberal-konservativen Gerechtigkeitspartei von Süleyman Demirel von 1975 an gebildet wurden. Einmal an der Macht, setzte Türkeş alles daran, um das Ressort der nationalen Erziehung unter die Kontrolle der eigenen Partei zu bekommen. Schlüsselpositionen an den Hochschulen, vor allem an den Lehrerausbildungsanstalten, wurden mit Sympathisanten der Partei besetzt, mit dem Ergebnis, daß gegen Ende der 70er Jahre das Bildungssystem in der Türkei von einem extrem nationalistischen Kader infiltriert war.

Was für eine Bedeutung kam der Religion in diesem Prozeß zu? Religion, d. h. Islam, wurde als ein sozialpolitischer Faktor betrachtet, mit einem Potential, zur künftigen Größe der Türkei beizutragen. In seinen ›Fundamentalen Anschauungen‹ (1975) vertritt Türkeş die Auffassung, daß Nationen durch moralisch-ideologische Waffen zu Sklaven erniedrigt werden, noch bevor sie durch militärische Macht unterworfen sind. Die Verwestlichung, wie sie in der Türkei seit zwei Jahrhunderten angestrebt worden ist, habe das Land in eine nationale Katastrophe geführt. Der Islam dagegen sei eine Kraftquelle für die Türkei, vorausgesetzt, die Nation findet zu ihrem traditionellen Wertesystem zurück, das vom Islam geprägt ist. Denn Zivilisationen seien nicht auf Geld, sondern auf Glauben errichtet. Türkeş behauptete, daß ein moralisches Vakuum, das die ganze Gesellschaft umhülle, hauptverantwortlich für die sozialpolitische Misere der 70er Jahre sei; das moralische Vakuum wiederum sei Resultat einer fehlgeleiteten öffentlichen Erziehungspolitik. Generationen von Schulabsolventen hätten keine Vorstellung von ihrer eigenen türkischen Kultur, kein Gefühl oder Respekt für Tradition und Autorität entwickeln können. Ein Ausweg aus der moralischen Krise sei daher nur durch eine bildungspolitische Reorientierung möglich. Eine nationale Erziehung auf der Basis des Glaubens, der islamischen Ethik sowie der Naturwissenschaft würde auch soziale Gegensätze innerhalb der türkischen Gesellschaft, die doch die nationale Einheit bedrohten, abmildern helfen.

Die Forderung nach Rückkehr zu den türkisch-islamischen Werten der Vergangenheit wurde im Programm einer weiteren rechten Gruppierung, der 1972 gegründeten ›Nationalen Heilspartei‹ (MSP), wiederholt. Die MSP propagierte nicht nur eine Gesellschaftsordnung auf islamischer Grundlage, sondern auch die Staatsform selbst sollte geändert werden, indem man etwa das Kalifat wieder einführte. Die Auflösung des Osmanischen Reiches war ein Resultat der Modernisierung nach westlichen Vorbildern. Daher sollte nun die Türkei ihre diplomatischen, wirtschaftlichen und kulturellen Bindungen zum Westen lokkern. Mit ihrer streng islamistischen Ideologie setzte sich Erbakans Heilspartei noch mehr als die Aktionspartei von Türkeş von den übrigen politischen Gruppierungen ab. Während die Partei von Türkeş, zumindest was ihre nationalistisch-autoritären Züge anbetrifft, mit dem Kemalismus vereinbar war, war mit Erbakans MSP eine politische Kraft entstanden, die die ideologischen Fundamente der Republik negierte. Trotzdem wurde sie Anfang 1974 sogar von Ecevits kemalistischer CHP als Koalitionspartner akzeptiert. So war es gar nicht mehr überraschend, daß sie 1975 als Mitglied der Nationalistischen Front – neben der Aktionspartei von Türkeş – an der Regierung beteiligt war.

Die Umgruppierung innerhalb des rechten Specktrums hatte ihr Pendant in den intellektuellen Kreisen des Landes. In den späten 60er Jahren hatten konservativ wie national denkende Akademiker begonnen, nach tragfähigen Konzepten für eine kulturelle Neuorientierung zu suchen. Dies führte zur Gründung des ›Heims der Intellektuellen‹ (*Aydınlar Ocağı*) im Jahre 1970, das fortan enge Beziehungen zu ökonomischen und bürokratischen Eliten unterhielt. Der Verein setzte sich zum Ziel, die nationale Identität der Türken zu stärken und der ›Anarchie der Ideen‹ ein Ende zu bereiten. Dem ›Heim der Intellektuellen‹ schreibt man denn auch eine bedeutende Rolle bei der Vorbereitung der politischen Wende zur Nationalistischen Front im Jahre 1975 zu, obwohl es sich selbst als eine über der Tagespolitik stehende nationale Instanz begriff. Nation war hierbei die vorgestellte Gemeinschaft türkischsprechender Muslime, ungeachtet ob sie nun innerhalb oder außerhalb der Grenzen der Republik lebten. Das Nationalbewußtsein hing demnach von der kulturellen Identität ab, deren Determinanten Religion und Sprache waren.

In diesem Rahmen entwickelte man die Doktrin von der ›Türkisch-islamischen Synthese‹. Anvisiert war eine Versöhnung islamistisch-nationalistischer Meinungen mit der offiziellen Ideologie des Staates. Das Ergebnis war ein ›neokemalistisches‹ Herangehen an die kulturellen und politischen Probleme des Landes. Die verwestlichenden Reformen der Zwischenkriegszeit wurden als der türkischen Kultur wesensfremd und in der Anwendung oberflächlich kritisiert; man sah stattdessen in der islamistisch geprägten Mobilisierung während des nationalen Unabhängigkeitskampfes die Quelle nationalstaatlicher Legitimation.

Die Militärintervention des Jahres 1980 geschah im Geiste dieser ›neokemalistischen‹ Weltsicht. Sie hatte gegenüber dem dogmatischen Kemalismus der 30er Jahre mindestens drei Vorteile und erschien deshalb den staatstragenden Gruppen als

Ausweg aus der Krise: Erstens lehnte diese Ideologie – und das machte ihren kemalistischen Gehalt aus – die materiellen Errungenschaften der westlichen Zivilisation und die politisch-wirtschaftlichen Bindungen der Türkei zum Westen nicht ab. Zweitens trat sie für eine stärkere Betonung islamischer Werte ein, in einer Zeit, in der soziales Chaos und Auflösung der nationalen Einheit drohten. Drittens erweckte der Neokemalismus ein neues Gefühl für Autorität in der Gesellschaft und größeren Respekt für die Quelle dieser Autorität in der Türkei, für die Streitkräfte. Die neokemalistische Intelligenz begrüßte denn auch die Intervention der Armee am 12. September 1980 als einen längst fälligen Schritt.

Erst vor dem Hintergrund des geschilderten weltanschaulichen Wandels lassen sich die Probleme der türkischen Politik in den 70er Jahren adäquat erfassen. Wegen ihrer Zypernpolitik geriet die Türkei in außenpolitische Isolierung. Die USA reagierten Anfang Februar 1975 mit einem Waffenembargo, während die Europäische Gemeinschaft alle Hilfsfonds und Kredite blockierte. Daneben wurde die wirtschaftliche Lage des Landes durch weitere Faktoren negativ beeinflußt: Schon die militärische Präsenz auf Zypern stellte eine erhebliche Belastung für den Staatshaushalt dar. Das Land litt ohnehin unter den Auswirkungen der ersten Erdölkrise 1973–74, da der gestiegene Erdölpreis an den knappen Währungsreserven zehrte. Ferner war der Export von Arbeitskräften nach Westeuropa, seit Jahren ein wichtiger ›Devisenbringer‹, ins Stocken geraten, weil die Bundesrepublik Deutschland im November 1973 einen Anwerbestopp verfügt hatte. Energische Schritte zur Sanierung der zerrütteten Finanzen waren aber von den schwachen Koalitionsregierungen in Ankara kaum zu erwarten.

Die erste Koalitionsregierung der Nationalistischen Front, die am 31. März 1975 von Süleyman Demirel gebildet wurde, antwortete auf die Verlängerung des Waffenembargos durch den US-Kongreß mit der Suspendierung des bilateralen Militärabkommens im Juli 1975. Damit gelangten die Beziehungen zum Hauptpartner in der NATO an einen Tiefpunkt. Innenpolitisch setzte sich die Polarisierung der Gesellschaft fort. Der seit Jahren wachsende Terrorismus erreichte einen Höhepunkt, als Unbekannte am 1. Mai 1977 auf die auf dem Taksim-Platz in Istanbul versammelte Menge feuerten. Es starben 39 Personen. Kurz nach diesem Blutbad löste sich Koalitionsregierung im Juni 1977 auf.

Im August 1977 wurden allgemeine Wahlen abgehalten: Mit 41,4% der abgegebenen Stimmen erwies sich die sozialdemokratische CHP als die stärkste Partei. Dennoch gelang es Bülent Ecevit nicht, eine Koalitionsregierung zu bilden. Die Folge war die zweite Regierung der Nationalistischen Front unter Süleyman Demirel – unter Beteiligung von AP, MSP und MHP. Aber schon nach wenigen Monaten war auch sie am Ende.

Im Januar 1978 überredete Bülent Ecevit die wenigen Unabhängigen im Parlament zur Unterstützung einer sozialdemokratischen Regierung, indem er jeden von ihnen als Minister in sein Kabinett aufnahm. Die so zustande gekommene zweite Regierung Ecevit sah sich jedoch unüberwindbaren Problemen gegenüber. Praktisch zahlungsunfähig, war sie im Juli 1979 gezwungen, die harten Bedingungen des Internationalen Währungsfonds (IWF) zur Sanierung der türkischen Wirtschaft zu akzeptieren. Die in Aussicht gestellten Beistandskredite in Höhe von 1,8 Milliarden US-Dollar hatten zur Bedingung, daß Ankara die Kontrollen über den Außenhandel lockerte, die zahlreichen Subventionen abschaffte, den Zinssatz freigab und die öffentlichen Ausgaben reduzierte. Mitte August 1979 fand sich auch der US-Kongreß bereit, das Waffenembargo gegen die Türkei unter gewissen Bedingungen aufzuheben.

Ecevits ›Nachgeben‹ gegenüber den Gläubigern der Türkei schmälerte seinen Ruf als Verteidiger der nationalen Interessen. Während die innenpolitische Lage sich zuspitzte – im Dezember 1978 richteten die ›Grauen Wölfe‹ unter der alewitischen Bevölkerung in Kahramanmaraş ein Blutbad an – und die Regierung sich veranlaßt sah, 13 Provinzen des Landes unter Kriegsrecht zu stellen, verschlechterte sich die wirtschaftliche Situation rapide. Im Juni 1979 mußte das türkische Pfund gegenüber dem Dollar um 43% abgewertet werden, und im Oktober 1979 sah sich Ecevit, dessen ›weiche‹ Haltung besonders gegenüber linkem Terrorismus und kurdischem Separatismus ein Dorn in den Augen der Militärs war, gezwungen zurückzutreten. Eine Minderheitsregierung unter Süleyman Demirel übernahm die Führung der Geschäfte.

Die wichtigste Handlung dieser dritten Regierung Demirel war die Aufstellung eines Sanierungsplans für die türkische

Wirtschaft. Die ersten Schritte in diese Richtung hatte schon die Regierung Ecevit durch ihre Annahme der Bedingungen des IWF unternommen. Dennoch war die radikalste Wirtschaftsreform in der Geschichte der Republik mit dem Namen eines bis dahin wenig bekannten Mannes, Turgut Özal (1927–1993), verbunden. Als Unterstaatsekretär im Kabinett Demirel galt Özal als Autor der ›Beschlüsse vom 24. Januar‹ 1980, die einen Wendepunkt markierten: Vorgesehen waren die Liberalisierung des Außenhandels, die Reduzierung von Subventionen, die Freigabe der Zinssätze, die Einhaltung von Weltmarktpreisen im Agrarsektor und die Verringerung der Staatsausgaben. Es wurde noch einmal eine Abwertung der türkischen Währung um 30% vorgenommen. Die Staatsunternehmen erhielten zum ersten Mal freie Hand bei der Festlegung ihrer Preise. Turgut Özal strahlte bei alledem ein starkes Vertrauen in die Zukunft der Türkei aus, meinte jedoch, daß der Erfolg letztlich davon abhänge, ob dem Land eine ›Periode der Ruhe‹ von etwa fünf Jahren gegönnt sein würde.

Von Ruhe konnte allerdings zu Beginn der 80er Jahre keine Rede sein. Die Ballungszentren des Landes waren in gegnerische ›befreite Zonen‹ aufgeteilt. Nacht für Nacht explodierten Bomben. Und die Politiker im Parlament schienen mit dem alten Spiel des gegenseitigen Blockierens beschäftigt. Im Mai 1980 wurden ein ehemaliger Ministerpräsident, Nihat Erim, und ein ehemaliger Vorsitzender des (linken) Gewerkschaftsverbands DISK, Kemal Türkler, Opfer des Terrors. Der Sozialdemokrat Ecevit machte unterdessen gemeinsame Sache mit der Nationalen Heilspartei Erbakans; zusammen zwangen sie am 5. September 1980 Außenminister Erkmen zum Rücktritt, weil dieser sich gegenüber dem Westen zu nachgiebig gezeigt habe. Am nächsten Tag organisierte die Nationale Heilspartei, zur ›Rettung Jerusalems‹, eine Massendemonstration in Konya, wobei Plakate mit antilaizistischen Parolen zu sehen waren. Eine Woche später, am 12. September 1980, intervenierten die Militärs zum dritten Mal in der Geschichte der Republik. Der Putsch traf, wie 1971, wiederum Süleyman Demirel, der die Misere des Landes verantworten mußte, obwohl sämtliche politischen Kräfte im Parlament durch ihre in monatelangen vergeblichen Anläufen bewiesene Unfähigkeit, einen neuen Präsidenten für die Republik zu wählen, die Militärintervention geradezu provoziert hatten.

VI. Kapitel: Militärintervention von 1980 und die Folgen

1. Politische Restrukturierung

Die Militärintervention vom 12. September 1980 stellt den Tiefpunkt der Entwicklung der Demokratie in der Türkei seit 1945 dar. Die im Namen des Kemalismus unternommene Aktion hatte, wie oben angedeutet, nicht den Reformismus der frühen Republik im Sinn. Geplant war vielmehr eine Wende in Richtung einer ›türkisch-islamischen Synthese‹. Zwar wurde am Laizismus-Postulat weiterhin festgehalten. Religion war aber nicht mehr eine rein private Angelegenheit der Bürger, sondern sollte zunehmend in den Staat integriert werden. Die neue Verfassung von 1982 erklärte denn auch den Religionsunterricht im Grund- und Sekundarschulwesen zu einem ›unter der Aufsicht und Kontrolle des Staates‹ durchzuführenden Pflichtfach.

Die von der Militärjunta am 21. September 1980 eingesetzte Regierung unter Admiral Bülent Ulusu war einerseits um eine Entpolitisierung des öffentlichen Lebens bemüht. Alle Parteien, Vereine, Studentenorganisationen, oppositionelle Gewerkschaften u.ä. wurden verboten. Die Bevölkerung, des jahrelangen Parteienhaders und politischen Terrors überdrüssig, schien sich nach ›Ruhe und Ordnung‹ zu sehnen. Die Verhaftung von Zehntausenden von Personen wurde praktisch ohne öffentlichen Protest hingenommen. Das Militärregime maß aber andererseits einer politischen ›Umerziehung‹ der Bürger große Bedeutung bei. Die staatlichen Schulen wie die öffentlichen Medien hatten die Aufgabe, vor allem der Jugend beizubringen, die türkische Nation wieder als eine Geschichts-, Kultur- und Schicksalsgemeinschaft zu betrachten und zu verteidigen. Die nationale Integrität hatte in diesem Rahmen die höchste Priorität.

Bezeichnend für die gewandelte Stimmung war die Tatsache, daß die neue Verfassung, in deren Präambel immerhin das Recht auf Meinungsfreiheit ausdrücklich den Nationalinteressen der Türkei untergeordnet wurde, im Referendum vom 7. November 1982 eine überwältigende Bestätigung (91,37%) erfuhr, was gleichzeitig die Wahl des Juntachefs Kenan Evren als

Präsident der Republik für sieben Jahre bedeutete. Ein neues Gesetz für politische Parteien schloß dann im Frühjahr 1983 über 700 Politiker des alten Regimes aus der aktiven Politik aus und gewährte darüber hinaus dem Nationalen Sicherheitsrat das Recht, die Gründer von neuen Parteien einzeln zu bestätigen oder abzulehnen.

Allen Erschwernissen zum Trotz entstanden innerhalb einiger Wochen 17 neue Parteien, womit der mühsame Weg zurück zur Demokratie begann: die ›Sozialdemokratische Partei‹ (SODEP) Erdal İnönüs, die ›Großtürkei-Partei‹ Hüsamettin Cindoruks, eines Gefährten Süleyman Demirels – die Partei wurde bald verboten und mußte daher ab Juni 1983 unter dem Namen ›Partei des Richtigen Weges‹ (*Doğru Yol Partisi*, DYP) firmieren –, die von der Junta unterstützte ›National-Demokratische Partei‹ (*Milliyetçi Demokrasi Partisi*, MDP) des Generals a.D. Turgut Sunalp, die ›Mutterlandspartei‹ (*Anavatan Partisi*, ANAP) Turgut Özals sowie die ›Volkspartei‹ (*Halkçı Parti*, HP) Necdet Calps waren die bekanntesten unter ihnen.

Die ersten Parlamentswahlen nach der Militärintervention fanden am 6. November 1983 statt. Da die SODEP und die DYP – neben anderen kleineren Parteien – aus formalrechtlichen Gründen daran nicht teilnehmen durften, wurde das Rennen zwischen der MDP, der HP und der ANAP entschieden. Zur Enttäuschung der Militärjunta erhielt die von ihr favorisierte MDP nur 23,27% der Stimmen; während die sozialdemokratische Volkspartei Calps immerhin 30,46% für sich gewinnen konnte, ging Özals ANAP, ein Sammelbecken für konservative, religiöse, nationalistische und wirtschaftsliberale Kräfte, mit 45,15% der abgegebenen Stimmen als eindeutiger Sieger aus den Wahlen hervor.

Diesen Erfolg wiederholte die ANAP auch in den Gemeinde- und Bürgermeisterwahlen vom 25. März 1984. Die oppositionellen SODEP und DYP, obwohl diesmal zugelassen, hatten sich immer noch nicht konsolidieren können, während die Partei Özals nunmehr auch den Staatsapparat hinter sich hatte. Sie erhielt 41,5% der Stimmen, die SODEP und die DYP jeweils 22,93% und 13,72%, während auf die MDP der Generäle 8,7% und die Volkspartei Calps nur 7,1% fielen. In der öffentlichen Meinung konnte sich Özal fortan als Staatsmann präsentieren, der demokratisch tadellos legitimiert war.

Die Militärs hielten freilich die Zügel weiterhin in der Hand. Das seit 1978 geltende Kriegsrecht in Istanbul und zahlreichen anderen Provinzen des Landes wurde erst im November 1985 teilweise aufgehoben bzw. durch das Notstandsrecht ersetzt, das nunmehr den jeweiligen Gouverneuren weitgehende Befugnisse gewährte. Neun südöstliche Provinzen, in denen Kämpfe mit kurdischen Rebellen stattfanden, blieben weiterhin unter Kriegsrecht.

Sogar dieser kleine Schritt wurde als eine Maßnahme ›zur Wiederherstellung der wirklichen Demokratie‹ begrüßt. In der Tat war die Rückkehr altbekannter Persönlichkeiten und Verhältnisse in die Politik kaum aufzuhalten. Obwohl der von der Junta verhängte ›Bann‹ über die ehemaligen Parteiführer immer noch nicht aufgehoben war, konnten manche von ihnen bereits einen beachtlichen Einfluß auf die politische Entwicklung ausüben. Süleyman Demirel hielt die DYP durch seinen Vertrauensmann Hüsamettin Cindoruk unter Kontrolle. Erbakans alte MSP wurde von Mitstreitern unter neuer Bezeichnung als ›Wohlfahrtspartei‹ (*Refah Partisi*, RP) wieder ins Leben gerufen. Auch Alparslan Türkeş' MHP etablierte sich bald als ›Partei der Nationalistischen Arbeit‹ (*Milliyetçi Çalışma Partisi*, MÇP) wieder. Im November 1985 erfolgte die Gründung einer ›Partei der Demokratischen Linken‹ (*Demokratik Sol Partisi*, DSP) unter dem Vorsitz von Rahşan Ecevit, der Frau des ehemaligen sozialdemokratischen Ministerpräsidenten.

Unter diesen Bedingungen kam es bereits in den Nachwahlen vom 28. September 1986 zu bedeutenden Verschiebungen innerhalb der Parteienlandschaft. Obgleich die ANAP immer noch 32% der Stimmen erhielt, war es offensichtlich, daß liberal-konservative und demokratische Kräfte auf längere Sicht Özals ANAP den Rücken kehren würden. Mit 23,7% war die DYP nunmehr die zweite politische Kraft im Lande, während das gespaltene sozialdemokratische Lager geschwächt erschien: Die SHP İnönüs erhielt 22,7% der Stimmen, Ecevits ›Demokratische Linke‹ nur 8,5%.

Jedenfalls blieb die Rehabilitierung der alten Politikergarde ein wichtiger Punkt auf der innenpolitischen Tagesordnung. Ministerpräsident Özal sah sich bald veranlaßt, die Angelegenheit durch einen Volksentscheid zu klären. Trotz seines Eintretens für die Beibehaltung der Verbote ergab das Referendum vom 6. September 1987 eine – wenn auch sehr knappe – Mehrheit (50,24% an Ja-Stimmen) zugunsten von seit 1980 ›verbannten‹ Politikern und Gewerkschaftsführern. Dieser Schritt auf dem Wege zur vollständigen Demokratisierung bedeutete somit für den Regierungschef einen Gesichtsverlust. Der erneute Sieg bei den Parlamentswahlen vom 29. November 1987, als die ANAP 36,4% der Stimmen und, mit Hilfe umstrittener Wahlgesetze, knapp zwei Drittel der Parlamentssitze für sich gewann, konnte nicht darüber hinwegtäuschen, daß die Ära Özal sich allmählich ihrem Ende näherte.

Das Image des Ministerpräsidenten wurde noch einmal nachhaltig angeschlagen, als er den Versuch unternahm, eine innenpolitische Kontroverse erneut per Referendum zu seinen Gunsten zu beschließen: Der Volksentscheid am 25. September 1988 über die Frage der Vorverlegung von Gemeindewahlen ergab rund 65% Nein-Stimmen – eine peinliche Niederlage, zumal der Ministerpräsident für den Fall eines negativen Votums seinen Rücktritt angekündigt hatte. In den zum regulären Termin abgehaltenen Gemeindewahlen am 26. März 1989 erhielt die ANAP sodann lediglich 22% der Stimmen, während die Sozialdemokraten beachtliche Erfolge vor allem in den Großstädten wie Istanbul, Ankara und Izmir erzielen konnten.

Mittlerweile die umstrittenste Politikerpersönlichkeit der Türkei, strebte Turgut Özal bald das Amt des Staatspräsidenten an, was von Gegnern als ›Flucht‹ aus der politischen Verantwortung gedeutet wurde. Mit den Stimmen seiner ANAP – die Opposition blieb der Abstimmung fern – wählte ihn das Parlament in Ankara am 31. Oktober 1989 zum Staatsoberhaupt. Immerhin hatte man nunmehr den zweiten Zivilisten (nach Bayar 1950–60) als Präsidenten der Republik.

2. Exportorientierte Wirtschaftspolitik

In dieser Zeit befand sich das Land allerdings wieder einmal am Rande einer Krise: Die rasante Entwicklung der Wirtschaft in den ersten Jahren der Regierung Özal hatte sich gegen Ende des Jahrzehnts erheblich abgeschwächt.

Die Liberalisierung der Wirtschaft, eingeleitet noch vor der Militärintervention, ermöglichte zunächst einen erfolgreichen Anschluß an den Weltmarkt. Die früher praktizierte Importsubstitutionspolitik wurde durch eine exportorientierte Industrialisierung ersetzt. Vor allem in den Bereichen Textilien, Lederverarbeitung, Eisen und Stahl sowie Metallwaren erwies sich die Türkei allmählich international konkurrenzfähig. Während die Ausfuhr zwischen 1979 und 1989 wertmäßig um das Fünffache zunahm (von 2,3 auf 11,6 Mrd. Dollar), verdoppelte sich darin der Anteil der Industrieerzeugnisse von 35% auf 70%.

Tabelle 6: Auslandsverschuldung der Türkei – Die Relationen Schuldendienst/Exporte, -/Deviseneinnahmen und -/Schuldenmasse (%)

	1985	1987	1989	1991
Schuldendienst/Exporte	52,0	53,2	58,4	41,3
Schuldendienst/Deviseneinnahmen	32,5	33,2	31,2	19,1
Schuldendienst/Schuldenmasse	16,8	13,6	16,5	8,6

(Quelle: İzzettin Önder et al., Türkiye'de kamu maliyesi, finansal yapı ve politikalar, Istanbul 1993, S. 43)

Diese Entwicklung wurde auch von der veränderten weltpolitischen Konstellation begünstigt. Die Islamische Revolution in Iran, die sowjetische Intervention in Afghanistan und der erste Golfkrieg zwischen dem Irak und Iran akzentuierten die strategische Eckpfeilerposition der Türkei zwischen Europa und dem Mittleren Osten, zwischen dem Schwarzen Meer und dem Mittelmeer. Aus westlicher Sicht war das Land wieder ein vollwertiger Bündnispartner und kreditwürdig. Ankara wurden zwischen 1980 und 1987 mehr als 13 Milliarden Dollar an westlichen Krediten zuteil. Hohe jährliche Wachstumsraten und unternehmerische Erfolge vor allem im Bausektor auf den Märkten des Nahen Ostens schufen eine euphorische Stimmung hinsichtlich der künftigen Entwicklungschancen. Zwar nahm die Auslandsverschuldung beständig zu (sie belief sich 1991 auf 50,5 Mrd. Dollar). Doch die Zahlungsbilanz zeigte, dank steigenden Einnahmen aus dem Tourismus und sonstigen Transferleistungen, insgesamt eine positive Entwicklungskurve (siehe Tabelle 6). Zum ersten Mal in der Geschichte der Republik herrschte relativer Überfluß an Devisen: Bürgern wurde erlaubt, private Konten in fremder Währung zu eröffnen, und die freie Konvertibilität des türkischen Pfundes wurde Realität.

Die Schattenseite dieser Entwicklung war eine schwer zu bändigende Inflation, die hauptsächlich durch die wachsende Binnenverschuldung zur Subventionierung unwirtschaftlicher Staatsbetriebe verursacht wurde. Auch andere, strukturelle Schwächen des Landes wirkten sich negativ aus. Die rasch zunehmende Bevölkerungszahl (siehe Tabelle 7) beeinflußte die jährlichen Wachstumsraten des Bruttosozialprodukts pro Kopf negativ. So gelang es trotz wirtschaftlichen Wachstums auch nicht, die Arbeitslosenquote zu senken: Sie blieb bei 20% stehen. Zu berücksichtigen ist in diesem Zusammenhang auch die ›verdeckte‹ Arbeitslosigkeit im Agrarsektor, die durch Landflucht zur Verschärfung der ohnehin gespannten Lage in den Ballungszentren beitrug.

Die Landwirtschaft litt seit jeher an kleinbäuerlichen Betriebsstrukturen und extremer Flurzersplitterung. Sie wies in bezug auf Modernisierung starke regionale Disparitäten auf. Die Produktivität blieb dort, wo keine Bewässerung möglich war, äußerst niedrig. Daher unternahm der Staat in den 80er Jahren große Anstrengungen, durch regionale Entwicklungsprojekte wie das Südostanatolien-Projekt (GAP) die bewässerte Agrarfläche auszudehnen. Durch billige Stromerzeugung sollte dabei eine umfassende Industrialisierung auch in rückständigen Gebieten des Landes ermöglicht werden. Mit einem Großprojekt wie GAP sind aber nicht nur kaum voraussehbare ökologische Folgen verbunden, es drohen auch außenpolitische Konflikte mit den Nachbarstaaten, hier Syrien und dem Irak, die einen größeren Anteil an den knapp werdenden Wasserressourcen von Euphrat und Tigris beanspruchen.

Insgesamt läßt sich konstatieren, daß die wirtschaftliche Liberalisierung und die vorbehaltlose Orientierung am freien Weltmarkt eine dynamische Umstrukturierung innerhalb der türkischen Wirtschaft ausgelöst hat, die letztlich auf Kosten der Lohnempfänger ging. Der Anteil der Löhne am Bruttosozialprodukt, im Jahre 1977 noch 36%, fiel bis 1987 auf 18% zurück. Auch der Verlust an Kaufkraft der Löhne erreichte in diesem Zeitraum, wie aus Tabelle 8 ersichtlich, besorgniserregende Dimensionen.

Tabelle 7: Entwicklung der türkischen Bevölkerung in Stadt und Land zwischen 1950 und 1990

Jahr	Städtische Bevölkerung in 1000	Städtische Bevölkerung in %	Ländliche Bevölkerung in 1000	Ländliche Bevölkerung in %	Insgesamt in 1000
1950	5 244	25,0	15 702	75,0	20 947
1960	8 859	31,9	18 895	68,1	27 754
1970	13 691	38,5	21 914	61,5	35 605
1980	19 645	43,9	25 091	56,1	44 736
1990	33 326	59,0	23 147	41,0	56 473

(Quelle: Zentrum für Türkeistudien, Türkei-Sozialkunde, 2. Aufl., Opladen 1994, S. 34.)

Tabelle 8: Entwicklung der Kaufkraft der Löhne 1982–1988 (Index 1982 = 100)

Jahr	In staatl. Betrieben	In Privatwirtschaft	Im Landesdurchschnitt	Lohn- u. Gehaltsempfänger im Landesdurchschnitt
1982	100,0	100,0	100,0	100,0
1983	98,0	92,0	93,7	95,4
1984	100,0	95,0	96,7	99,4
1985	94,0	101,0	99,3	100,0
1986	81,6	92,0	89,9	92,0
1987	73,2	100,4	93,9	97,0
1988	54,0	74,0	69,1	73,0

(Quelle: Zentrum für Türkeistudien, Türkei-Sozialkunde, 2. Aufl., Opladen 1994, S. 56.)

3. Allgemeine Menschenrechte und Rechte von Minderheiten: das Kurdenproblem

Die gegen Ende der 80er Jahre zunehmende Polarisierung im politischen Leben sollte vor diesem Hintergrund gesehen werden. Nachrichten über Hungerstreiks in Gefängnissen, Selbstmorde von Häftlingen, Überfälle von Separatisten oder Attentate von Islamisten machten Schlagzeilen. Die bescheidenen Erfolge auf dem Wege zur parlamentarischen Demokratie wurden durch gravierende Verletzungen der Menschenrechte überschattet, die parallel zur Verschärfung des bewaffneten Kampfes gegen die kurdische Guerilla im Südosten seit 1984 an Brutalität und Häufigkeit zunahmen.

Die Radikalisierung des Verhältnisses zum kurdischen Bevölkerungsteil stellt das Hauptproblem der Türkei in den 80er Jahren dar. Bürger kurdischer Abstammung, deren Zahl auf 12 bis 15 Millionen geschätzt wurde, waren praktisch einer doppelten Unterdrückung ausgesetzt: Ihr Recht auf freie Meinungsäußerung war, ebenso wie bei nichtkurdischen Bürgern, von der Militärjunta stark eingeschränkt. Darüber hinaus waren sie jedoch als Benutzer des Kurdischen, einer offiziell nicht anerkannten Sprache, schon immer gezwungen, auf ein fundamentales Recht, nämlich den muttersprachlichen Schulunterricht ihrer Kinder, zu verzichten. Besonders im Südosten Anatoliens, wo nur ein geringer Teil der kurdischen Landbevölkerung des Türkischen kundig ist, kam und kommt es dadurch zu einer extremen Benachteiligung im öffentlichen Leben.

Auf die Tatsache, daß die Kurden in der Türkei sozial benachteiligt werden, haben seit den 60er Jahren vor allem sozialdemokratische und sozialistische Gruppierungen hingewiesen. Die geforderte Abhilfe erschöpfte sich jedoch in der Regel in Forderungen nach staatlichen Maßnahmen zur Besserung der regionalen Infrastruktur, zur Belebung der Wirtschaft oder zur Erhöhung der Alphabetisierungsrate. Denn auch die ›fortschrittlichen Kräfte‹ in der Türkei fühlen sich in ihrer überwiegenden Mehrzahl nur der Idealvorstellung eines demokratischen Einheitsstaates verpflichtet, der allen Bürgern, d. h. auch Bürgern kurdischer Abstammung, individuelle Freiheiten, Gleichheit vor dem Gesetz und soziale Gerechtigkeit garantieren soll. Eine ›Kurdenfrage‹ als kollektives Problem einer Minderheit oder gar als Problem politischer Regionalisierung taucht in dieser Perspektive nicht auf.

Demgegenüber können sich Kritiker der türkischen Kurdenpolitik eine Lösung des Problems ausschließlich auf der Ebene der bürgerrechtlichen Egalität immer weniger vorstellen; der optimale Zeitpunkt für eine solche Lösung scheint verstrichen zu sein. Abdullah Öcalans ›Arbeiterpartei Kurdistans‹ (*Partiya*

Karkeren Kurdistan, PKK) erweckte daher mit ihren Forderungen nach einer regional-politischen Lösung der Kurdenfrage – trotz allgemeiner Ablehnung des Terrorismus – Sympathien gerade bei der politisch interessierten Öffentlichkeit im Ausland, in einer Zeit, in welcher die Türkei selbst große Anstrengungen unternahm, Anschluß an die Europäische Gemeinschaft (EG bzw. EU) zu finden.

Schon der rasche Aufstieg der PKK zum Symbol von Nationalbestrebungen vieler Kurden wirft ein bezeichnendes Licht auf die Tragweite der gesellschaftlich-politischen Problematik und den Charakter des mühsamen Demokratisierungsprozesses in der Türkei seit 1980. Erst 1978 aus einer marxistischen Studentengruppe hervorgegangen, wurde die PKK seit September 1980 vom syrischem Exil aus geführt. Seit 1984 trat sie zunehmend als Terrororganisation in Erscheinung, die oft unterschiedslos gegen Militärs wie Zivilisten vorging. Im Jahre 1988 änderte jedoch die PKK ihre Taktik: Weniger Zivilisten als vielmehr die Angehörigen des Staatsapparates waren nun Ziel ihrer Angriffe. Im Jahre 1989 schließlich erreichte sie eine Verständigung mit einigen ebenfalls marxistischen Organisationen, darunter den türkischen ›Revolutionären Linken‹ (*Dev Sol*). Von nun an wurde der Terror auch in die Großstädte des Landes hineingetragen.

Die Regierung in Ankara hat es zumindest nach außen hin stets abgelehnt, die Minderheitenproblematik anders als eine Frage des Separatismus bzw. Terrorismus zu betrachten. Alle politischen Organisationen der Kurden wurden streng unterdrückt und die Guerillas der PKK unter wachsendem Militäreinsatz bekämpft. Daneben fanden auch umfangreiche Umsiedlungsaktionen statt. Um diesen Kampf effektiver zu führen, stellte die Regierung aus Angehörigen loyaler Stämme eine Art Dorfmiliz speziell für die kurdischen Gebiete auf, und im Juli 1987 wurde eine Art Generalgouverneur für die südöstlichen Provinzen ernannt. Die gewaltsame Auseinandersetzung nahm allmählich die Züge eines Bürkerkrieges an.

Dennoch gab es auch Signale, die von Sorge um den guten Ruf der türkischen Demokratie im Ausland zeugten. Immerhin stellte Ankara am 14. April 1987 den Antrag auf Vollmitgliedschaft in der EG. Das Land akzeptierte damit implizit, an westeuropäischen Standards der Rechtsstaatlichkeit gemessen zu werden. In diesen Rahmen gehört auch der Versuch Ankaras vom Frühjahr 1988, das Verhältnis zu Griechenland zu normalisieren. Im Juni 1988 besuchte Özal als erster türkischer Regierungschef seit 36 Jahren Athen. Nicht zuletzt angesichts der seit 1984 rücksichtslosen Unterdrückung der türkischen Volksgruppe in Bulgarien, die im Sommer 1989 zur Flucht von Hunderttausenden über die Grenze in die Türkei führen sollte, erfolgte auch eine gewisse Sensibilisierung der türkischen Öffentlichkeit für die Minderheitenprobleme im eigenen Land. Als der Irak im Jahre 1988 unter Einsatz von Giftgas gegen die Kurden vorging und infolgedessen im September eine Massenflucht irakischer Kurden in die Türkei einsetzte, demonstrierte daher die Regierung in Ankara ›großzügige‹ Aufnahmebereitschaft.

Die umstrittene Wahl Turgut Özals zum Staatspräsidenten Ende Oktober 1989 trug aber zu einer empfindlichen Schwächung des politischen Regimes in der Türkei bei. Hinzu kam, daß Özal selbstherrlich einen bis dahin wenig bekannten Politiker, Yıldırım Akbulut, zu seinem Nachfolger im Amt des Ministerpräsidenten (9. November 1989-23. Juni 1991) bestimmte, wodurch Mutmaßungen, Özal wolle ein Präsidialsystem einführen, weitere Nahrung erhielten. In solcher Atmosphäre wirkte die Ablehnung des türkischen Antrags auf Vollmitgliedschaft durch den EG-Ministerrat am 5. Februar 1990 wie ein Schock.

Dieser Rückschlag für die Verwestlichung schien die ›Islamischen Fundamentalisten‹ zu radikalen Aktionen zu ermuntern. Die Mörder des bekannten Hochschullehrers Muammer Aksoy (31.1.90) und des liberalen Journalisten Çetin Emeç (7.3.90) stammten nach allgemeiner Auffassung aus ihren Reihen. Während Gerüchte von einem bevorstehenden Putsch die Runde machten, nahmen im März 1990 auch die Terrorhandlungen der PKK stark zu. Jene Kräfte in Ankara, die die Lösung des Kurdenproblems ausschließlich mit militärischen Mitteln forderten, sahen sich bestätigt. Durch eine Verordnung mit Gesetzeskraft vom 9. April 1990 gab die Regierung ihren bisherigen Demokratisierungskurs auf. Die Vollmachten des Generalgouverneurs der elf südostanatolischen Provinzen wurden beträchtlich erweitert, die Pressefreiheit im ganzen Lande eingeschränkt und die Sicherheitskräfte ermächtigt, die Bevölkerung ganzer Landstriche an der Grenze zu Syrien und dem Irak zu evakuieren und deren Siedlungen systematisch zu zerstören.

4. Die Türkei am Ende des 20. Jahrhunderts: eine regionale Ordnungsmacht?

Der Ausbruch der ›Golfkrise‹ Anfang August 1990 fand die Türkei in der geschilderten, düsteren Verfassung. Als die Streitkräfte des Irak in das Nachbarscheichtum Kuwait einmarschierten und der Westen zu strengen Sanktionen gegen das Regime von Bagdad ausholte, eröffneten sich unerwartet neue Perspektiven für Ankara; die Türkei rückte kraft ihrer beherrschenden geopolitischen Lage im Nahen Osten über Nacht ins Zentrum des westlichen Interesses. Präsident Özal sah dies als Chance, sein krisengeschütteltes Land aus der außenpolitischen Isolierung herauszuführen. Er sorgte dafür, daß sich die Türkei als eines der ersten Länder der vom UNO-Sicherheitsrat verhängten Blockade des Irak anschloß – allerdings war das ›eigenmächtige‹ Vorgehen des Staatspräsidenten nicht nur in der türkischen Öffentlichkeit, sondern auch innerhalb der Regierung selbst umstritten. So demissionierten im Oktober 1990 die als liberal bekannten Minister Ali Bozer (Auswärtiges) und Safa Giray (Verteidigung), und Anfang November 1990 legte der Chef des Generalstabes, Necip Torumtay, aus Protest gegen Özals Irak-Politik sein Amt nieder. Im Ausland erschienen Berichte über Özals Bestrebungen, die Türkei nach dem Krieg als neue regionale Ordnungsmacht zu etablieren.

Özals neue Politik im Zuge der Golfkrise brachte auch Bewegung in die Kurdenfrage: Der Staatspräsident trat Anfang 1991 für die Anerkennung kultureller Rechte der Bürger kurdischer Abstammung ein, und bald wurde das 1980 von der Militärjunta verfügte Verbot der kurdischen Sprache aufgehoben. Zudem kam es am 8. März 1991 unter der Ägide Özals in Ankara zu einem Treffen zwischen den Führern der irakischen Kurden und Vertretern des türkischen Außenministeriums. Diese Initiativen setzten einen Prozeß des Umdenkens in der Öffentlichkeit in Gang, mit der Folge, daß das Kurdenthema allmählich seinen Tabucharakter verlor. Das Schicksal vor allem der irakischen Kurden stand nunmehr ohnehin in den Schlagzeilen. Als Saddam Husains Truppen im April 1991 den Widerstand der Kurden im Norden Iraks brachen und daraufhin Hunderttausende Zuflucht in der Türkei begehrten, ließ Ankara die Grenze öffnen.

In diese Zeit fiel auch die Verabschiedung des türkischen ›Antiterrorgesetzes‹ (12. April 1991), das einen Versuch darstellte, den engen Rahmen für Meinungsfreiheit in der Türkei im Sinne der europäischen Menschenrechtsordnung zu lockern. Freilich behielt sich der Staat das Recht vor, weiterhin gegen diejenigen vorzugehen, die den ›Terror‹ förderten, wobei der Begriff keineswegs präzise definiert war. Immerhin waren aber nunmehr die berüchtigten Art. 140, 141, 142 und 163 des türkischen Strafgesetzbuches aufgehoben und infolgedessen ca. 100 000 Akten geschlossen und die Eintragungen von etwa 200 000 politisch Verurteilten oder Angeklagten gelöscht worden. Ebenso ›kurdenfreundlich‹ – und als Beleg für eine prowestliche Haltung – wurde der Entschluß Ankaras im Juni 1991 gedeutet, die Etablierung westlicher Interventionstruppen auf türkischem Territorium zuzulassen, die die Aufgabe hatten, die Kurden im Nordirak vor einem Angriff der irakischen Armee zu schützen.

In einer derart gewandelten Atmosphäre fanden am 20. Oktober 1991 vorgezogene Parlamentswahlen in der Türkei statt. Die von Özal favorisierte ANAP verfehlte ihr Ziel, die stärkste Partei des Landes zu bleiben: Sie erhielt nur 24% der Stimmen und 115 Sitze im Parlament. Die SHP Erdal İnönüs, die im Südosten zusammen mit einer erst im Juni 1990 gegründeten kurdischen ›Arbeiterpartei des Volkes‹ (*Halkın Emek Partisi*, HEP) aufgetreten war, bekam immerhin 20,8% und 88 Sitze, wovon 22 der HEP gehörten. Ecevits ›Demokratische Linke‹ brachte es lediglich auf 10,8% und 7 Sitze. Erbakans islamistische RP und die extrem nationalistische MÇP von Türkeş erhielten gemeinsam 16,9%. Der Sieger der Wahl war Demirels DYP, die 27% der Stimmen und 178 Sitze im Parlament gewinnen konnte. In der Vergangenheit wiederholt Opfer von Militärinterventionen, hatte sich Demirel als Garant für eine tiefgreifende Demokratisierung in der Türkei profilieren können. Die Koalitionsregierung, die er gemeinsam mit dem Sozialdemokraten Erdal İnönü ab November 1991 führte, bekannte sich denn auch zur Anerkennung der ›kurdischen Identität‹ und stellte umfassende Reformen im wirtschaftlichen wie im kulturell-politischen Bereich in Aussicht.

Gegen Ende 1991 begann ein neues Bild von der Türkei als einer aufstrebenden Regionalmacht an Konturen zu gewinnen.

Die internationale Presse sah das Land zwischen Europa und Asien, das zugleich islamisch, demokratisch und wirtschaftsliberal erschien, immer öfter als Modell und Anlehnungsmacht vor allem für die neuen muslimischen Republiken im Kaukasus und in Mittelasien. Özals Staatsbesuch in der Sowjetunion im März 1991, in dessen Programm neben Moskau und Kiev auch Alma-Ata und Baku eingeschlossen waren, trug erheblich zur Herausstellung des neuen Mittelasien-Bezugs der türkischen Politik bei. Im November 1991 erkannte Ankara als erster Staat die Republik Aserbaidschan völkerrechtlich an. Auch die übrigen ›Turkrepubliken‹ der neuen ›Gemeinschaft Unabhängiger Staaten‹ (GUS) wurden Mitte Dezember 1991 von der Türkei anerkannt.

Trotz offensichtlicher Freude über die neuen Entwicklungen auf dem Boden der ehemaligen Sowjetunion und Gefühlen der Solidarität mit den ›Brudervölkern‹ in Asien war man jedoch in Ankara darauf bedacht zu vermeiden, daß der Türkei panturkistische Bestrebungen unterstellt werden konnten. So verhielt sich Ankara angesichts des Konfliktes um Berg-Karabach zwischen Armenien und Aserbaidschan möglichst neutral, um die Aussichten einer nach allen Seiten offenen Außenpolitik nicht zu gefährden. Denn die Türkei war schon Anfang 1990 mit einem Projekt für wirtschaftliche Zusammenarbeit der Schwarzmeer-Anrainerstaaten hervorgetreten. Den Ländern Osteuropas, die einen wirtschaftlichen und politischen Strukturwandel durchmachten, bot sich die Türkei als ein Land an, das bereits bedeutende Erfolge bei der Integration in die Weltwirtschaft erzielt hatte. Die Initiative Ankaras fand daher allgemein Anklang. Der Vertrag über die ›Schwarzmeer-Wirtschaftsregion‹ (SMWR) konnte Anfang Februar 1992 in İstanbul von den Außenministern aller Schwarzmeer-Anrainerstaaten einschließlich Armeniens und Aserbaidschans paraphiert werden. Auch die Balkanländer Griechenland und Albanien schlossen sich dem multilateralen Projekt an. Die feierliche Unterzeichnung des Endkommuniqués der SMWR von den Staats- und Regierungschefs der elf Mitgliedsstaaten am 25. Juni 1992 in Istanbul brachte der Türkei außenpolitisch Prestige.

Eine wesentliche Voraussetzung für die neue, ›dynamische‹ Außenpolitik Ankaras waren die verbesserten Beziehungen zu den Ländern des Balkans zu Beginn der 90er Jahre. Die seit

1984 schwelende Krise in den türkisch-bulgarischen Beziehungen, ausgelöst durch die zwangsweise ›Bulgarisierung‹ der Familiennamen der Türken Bulgariens, hatte im August 1989 ihren Höhepunkt erreicht, als ca. 330000 Menschen in die Türkei flüchteten; Ankara sah sich daraufhin gezwungen, die Grenze in Thrakien vorübergehend zu schließen. Die beachtlichen Schritte Bulgariens in Richtung einer Demokratisierung des politischen Lebens nach 1990 führten jedoch zu einer erfolgreichen Reintegration der türkischen Minderheit, mit dem Ergebnis, daß die ›Bewegung für Rechte und Freiheiten‹, die politische Vertretung der türkisch-muslimischen Minderheit, aus den Wahlen von 1990 und 1991 als drittstärkste politische Kraft hervorging. Wenn auch Ängste vor einer wirtschaftlich und militärisch stärker werdenden Türkei vor allem in exkommunistischen und nationalistischen Kreisen geschürt wurden, konnte Ankara neuerliche Belastungen der bilateralen Beziehungen mit Bulgarien erfolgreich verhindern.

Die rasche Auflösung des jugoslawischen Bundesstaats seit 1990 war ein weiteres Moment, das eine Aktivierung der Balkanpolitik Ankaras notwendig machte. Gebiete wie Bosnien-Herzegowina, Kosovo, der ehemalige Sandschak Novi Pazar in Serbien sowie Makedonien wurden nunmehr zum Schauplatz ethnopolitischer Auseinandersetzungen – Gebiete, deren Bevölkerungen in historischer, kultureller und teilweise ethnischer Hinsicht vielfältig mit der Bevölkerung der Türkei verbunden waren. Die gemeinsame osmanische Vergangenheit wirkte freilich auch als Bremse für eine allzu unbekümmerte Balkanpolitik, da überall vor einem Wiederaufleben osmanisch-imperialer Traditionen gewarnt wurde.

Unter diesen Voraussetzungen hat die Türkei die Entstehung souveräner Staaten, vor allem in Bosnien-Herzegowina und Makedonien, durchaus begrüßt, ist aber keineswegs vorgeprescht, um die Auflösung des alten Jugoslawien zu betreiben. Gemeinsam mit den meisten EU-Staaten – und nicht früher – hat Ankara im Januar 1992 die neuen Republiken auf dem Territorium des ehemaligen Jugoslawien, einschließlich Makedoniens, völkerrechtlich anerkannt. Im übrigen versuchte die Türkei, die Krise auf dem Balkan auf dem Wege der wirtschaftlichen Kooperation abzumildern. Alle Balkanländer – einschließlich Serbiens – wurden eingeladen, an der Entwicklung der ›Schwarzmeer-Wirtschaftsregion‹ mitzuwirken. Im November 1992 lud die Türkei die Balkanstaaten zu einem Gipfeltreffen nach Istanbul ein, um über Mittel und Wege zu beraten, wie das Blutvergießen in Bosnien-Herzegowina zu beenden und ein Übergreifen der Kämpfe etwa auf Kosovo oder die Republik Makedonien zu verhindern seien.

Die türkische Öffentlichkeit war über den fehlenden Willen oder die Unfähigkeit der westlichen Staaten und Gesellschaften, sich im Namen des Völkerrechts auf dem Balkan zu engagieren, entsetzt. In Anspielung auf die während der Golfkrise zur Schau gestellte Einigkeit und Effizienz des Westens wurde besonders in islamistischen Kreisen der Vorwurf der Doppelmoral laut. Auch Präsident Özal, der sich bis dahin vorbehaltlos für westliche Belange eingesetzt hatte, mißbilligte nun die Haltung des Westens. Sein letzter Staatsbesuch, im Februar 1993, galt den Balkanländern Bulgarien, Makedonien, Albanien und Kroatien, an dessen Ende er in Zagreb die westeuropäische Politik im ehemaligen Jugoslawien mit harten Worten kritisierte. Die Balkankrise entwickelte sich allmählich zu einem Thema der türkischen Innenpolitik, wobei prowestlich-laizistische Kräfte in die Defensive gedrängt wurden.

Am 17. April 1993 starb Turgut Özal unerwartet, und am 16. Mai 1993 wurde Süleyman Demirel als neuer Präsident der Türkei vereidigt. Ein Sonderparteitag der DYP wählte im Juni die bisherige Wirtschaftsministerin Frau Tansu Çiller zur neuen Parteivorsitzenden und damit zur neuen Ministerpräsidentin der Türkei. Damit trat das Land in eine neue Phase seiner Geschichte ein.

Die hochfliegenden außenpolitischen Pläne aus der Ära Özal erwiesen sich bald als unrealistisch. Die Türkei als Modell für die neuen Republiken im Kaukasus und in Zentralasien verlor an Glanz, da Anspruch und Wirklichkeit (sprich: die wirtschaftliche Potenz des Landes) auseinanderklafften. Im Juni 1993 wurde in Aserbaidschan der demokratisch gewählte Präsident Elçibey, der als Exponent einer Politik der engen Anlehnung an die Türkei galt, gestürzt. Der neue Staatschef Alijev ging gegenüber Ankara auf Distanz, während die Regierung in Moskau die russischen Interessen in Transkaukasien für ›lebenswichtig‹ erklärte. Als armenische Truppen gegen Ende Oktober 1993 von Berg-Karabach aus in die Offensive gingen und einen beträchtlichen Teil aserbaidschanischen Territoriums besetzten, konnte Ankara den ›Brüdern‹ im Kaukaus nur humanitäre Hilfe anbieten.

Auch auf dem Balkan blieben die diplomatischen Initiativen Ankaras ergebnislos. Im Mai 1993 wurde der westliche Vance-Owen-Friedensplan für Bosnien vorgelegt, der aus türkischer Sicht einer Belohnung der serbischen Aggression gleichkam. Er akzeptierte die ›ethnischen Säuberungen‹ und sah die Reduzierung des muslimischen Gebietes auf sechs zerstreute Enklaven vor. Da der Plan einige muslimische Städte wie Travnik und Jajce den Kroaten zusprach, kam es nun auch zu Kämpfen zwischen Muslinen und Kroaten. Ende September 1993 vermittelte der türkische Außenminister Çetin in Zagreb einen Kompromiß zwischen den Bosniern und Kroaten, der jedoch einige Tage später von kroatischer Seite erneut verworfen wurde. In seiner Rede vor der UNO-Vollversammlung Anfang Oktober 1993 machte Çetin daher offen den Westen und die UNO für die Katastrophe auf dem Balkan moralisch verantwortlich, und Anfang Februar 1994 besuchten die Ministerpräsidentinnen der Türkei und Pakistans, Frau Çiller und Frau Bhutto, gemeinsam Sarajevo, um gegen die Gleichgültigkeit des Westens gegenüber dem Schicksal der Muslime zu protestieren.

Im Zuge dieser Entwicklungen verschärfte sich die innenpolitische Frontstellung zwischen den Islamisten und Laizisten in der Türkei zusehends. Anfang Juli 1993 kam es in Sivas zu Übergriffen islamistischer Kräfte auf eine Gruppe in Begleitung des bekannten Schriftstellers Aziz Nesin, der in seiner Zeitschrift Auszüge aus den ›Satanischen Versen‹ Salman Rushdis veröffentlicht hatte; dabei fanden über 30 Personen den Tod.

Die Unzufriedenheit in breiten Schichten der Bevölkerung wurde nicht zuletzt von einer exorbitanten Inflation unter Bedingungen wirtschaftlicher Stagnation gegen Ende 1993 genährt. Immer mehr Menschen erhofften sich eine Besserung ihrer Lage von der islamistischen RP Erbakans, die populistisch erfolgreich agierte und dabei auch offen für die Abwendung der Türkei vom Westen eintrat. Die Ergebnisse der Kommunalwahlen am 27. März 1994 wurden allgemein als Indiz für die fortgeschrittene ›Re-Islamisierung‹ der Türkei gewertet: Zwar blieb Çillers DYP mit einem knappen Vorsprung die größte Partei des Landes, doch gelang es den Islamisten, fast 19% der Stimmen zu erringen, wobei sie – in besonders spektakulärer Weise – auch die Bürgermeisterschaften in den beiden Metropolen des Landes, Ankara und Istanbul, gewinnen konnten.

Die Entfremdung der Türkei vom Westen war nunmehr in Ost und West offenkundig – die Verschlechterung der Beziehungen hatte freilich wesentlich früher eingesetzt. Die Gründe hierfür waren vielschichtig. Eine nicht zu unterschätzende Rolle spielte dabei das Verhältnis der Türkei zu Organisationen der armenischen Diaspora und der Republik Armenien. Dieses Verhältnis ist durch die historischen Ereignisse – Massaker und Vertreibung der Armenier während des Ersten Weltkrieges – bis heute außerordentlich belastet. Die Republik Türkei hat bisher nicht nur jede Schuld für das den armenischen Bürgern des osmanischen Staates angetane Unrecht von sich gewiesen, sie hat auch jede moralische Verantwortung dafür abgelehnt. Die armenischen Organisationen in Europa und Amerika konnten es aber erreichen, daß der US-Senat, die UNO und die Europäischen Gemeinschaften in den 80er Jahren Beschlüsse im Sinne einer Institutionalisierung der Erinnerung an die Opfer des armenischen Völkermordes gefaßt haben.

Die bisher ungelöste Zypernfrage hat ebenfalls zur Verschlechterung der türkisch-europäischen Beziehungen beigetragen. Wenn auch die Intervention des Jahres 1974 berechtigt gewesen sein mag, so stößt doch die fortdauernde militärische Präsenz der Türkei auf Zypern international auf Unverständnis und Ablehnung. Die Türkei blieb daher bisher der einzige Staat, der die 1983 ausgerufene ›Türkische Republik Nord-Zypern‹ völkerrechtlich anerkannt hat. Der Beschluß des EU-Ministerrats vom Oktober 1993, den Antrag Zyperns auf die Vollmitgliedschaft in der EU mit Vorrang zu berücksichtigen, während der 1989 schon einmal abschlägig beschiedene Antrag der Türkei, immerhin ein seit 1963 assoziiertes Mitglied, wieder hintangestellt wurde, hat die Brisanz der Zypernfrage für die türkisch-europäischen Beziehungen weiter erhöht.

Das Hauptproblem in diesem Zusammenhang ist jedoch eindeutig die Demokratie- und Menschenrechtsfrage in der Türkei selbst. Die seit November 1991 bestehende Koalition zwischen der DYP Demirels (später Çillers) und den Sozialdemokraten İnönüs hat in dieser Hinsicht viele Hoffnungen enttäuscht. Zu einem Zerwürfnis mit Europa kam es schon Ende

März 1992, als in den südostanatolischen Städten Cizre und Şırnak, in denen mehrere zehntausend Kurden für die Errichtung eines selbständigen kurdischen Staates demonstrierten, etwa 50 Personen bei Zusammenstößen mit türkischen Sicherheitskräften umkamen. Die unterstellte Verwendung von für NATO-Zwecke gelieferten Waffen in diesen Operationen entwickelte sich seitdem besonders in Deutschland zu einem innenpolitischen Dauerthema. Türkische Politiker und Medien dagegen verbaten sich mit Hinweisen auf Menschenrechtsverletzungen in Europa selbst jedwede moralische Belehrung. Während Handlungen deutscher Rechtsextremisten (Stichwort: Solingen, Mai 1993) und immer häufiger werdende Angriffe der PKK gegen türkische Ziele (Stichwort: Konsulatsbesetzung in München, Juni 1993) das Verhältnis besonders zu Deutschland belasteten, führten die Aufhebung der parlamentarischen Immunität von acht kurdischen Abgeordneten in Ankara im März, das Verbot ihrer Partei DEP (ehemals HEP) im Juni und die Verurteilung der Abgeordneten zu schweren Gefängnisstrafen im Dezember 1994 zur weiteren Vertiefung der Kluft zwischen der Türkei und Europa.

Unter diesen Entwicklungen litt auch die seit einigen Jahren von der Türkei einseitig, ohne die üblichen Anpassungshilfen der Europäer betriebene Zollunion mit der EU erheblich. Die Unterzeichnung des ausgehandelten Abkommens im Ministerrat in Brüssel scheiterte Ende 1994 ausdrücklich wegen der türkischen Menschenrechtsfrage und kam erst am 6. März 1995 zustande; die Ratifizierung blieb jedoch vom Votum des Europaparlaments in Straßburg abhängig. Die seitherigen Entwicklungen in der Türkei und besonders die Großoffensive der türkischen Streitkräfte gegen die PKK im Nordirak (März 1995) stürzten jedoch die beiderseitigen Beziehungen erneut in eine Krise, so daß ein termingerechter Vollzug der türkischen Zollunion mit der EU fraglich erscheint. Insgesamt läßt sich feststellen, daß die vorbehaltlose Westorientierung der Türkei, wie sie einst von Atatürk betrieben wurde, gegen Ende des Jahrhunderts ebenso wenig gilt wie die bedingungslose Akzeptanz des türkischen NATO-Partners in den Jahren des Kalten Krieges durch den Westen. Die Republik Türkei befindet sich an einem Wendepunkt und wird sich bald so oder so zu entscheiden haben.

Zeittafel

1918 30. Oktober: Waffenstillstand von Mudros

1919 15. Mai: Griechische Besetzung Izmirs. – 19. Mai: Ankunft Mustafa Kemals (Atatürk) in Samsun als Inspekteur der Truppen im Osten; Beginn der nationalen Widerstandsbewegung. – 23. Juli – 07. August: Kongreß von Erzurum. – 04.–11. September: Kongreß von Sivas.

1920 28. Januar: Annahme des Nationalpakts durch das osmanische Parlament in Istanbul. – 16. März: Besetzung Istanbuls durch die Ententemächte. – 23. April: Eröffnung der ›Großen Nationalversammlung‹ (*Büyük Millet Meclisi*) in Ankara. – 10. August: Friedensvertrag von Sèvres. – 02. Dezember: Vertrag von Gümrü (Alexandropol) zwischen der Regierung der Großen Nationalversammlung und der Sowjetrepublik Armenien.

1921 16. März: Vertrag über ›Freundschaft und Bruderschaft‹ zwischen der Regierung der Großen Nationalversammlung und der Russischen Föderativen Republik. – 23. August – 13. September: Schlacht von Sakarya, Wendepunkt im griechisch-türkischen Krieg. – 20. Oktober: Vereinbarung von Ankara zwischen der Regierung der Großen Nationalversammlung und Frankreich.

1922 26. August – 09. September: Offensive und Sieg der türkischen Armee an der Westfront. – 10. Oktober: Waffenstillstand von Mudanya. – 01. November: Abschaffung des Sultanats. – 18. November: Wahl Abdulmecids II: zum neuen Kalifen. – 20. November: Eröffnung der Friedenskonferenz von Lausanne.

1923 24. Juli: Frieden von Lausanne. – 13. Oktober: Ankara wird die Hauptstadt der neuen Türkei. – 29. Oktober: Ausrufung der Republik Türkei.

1924 03. März: Abschaffung des Kalifats. – 17. November: Gründung der oppositionellen ›Fortschrittlichen Republikanischen Partei‹.

1925 13. Februar – 31. Mai: Kurdenaufstand im Südosten. – 25. November: Gesetz über das obligatorische Tragen der neuen Kopfbedeckung. – 30. November: Verbot von Derwischorden.

1926 01. Januar: Einführung des internationalen Kalender- und Uhrzeitsystems und der Jahreszählung nach Christi Geburt. – 06. Juni: Regelung des britisch-türkischen Konflikts über Mosul. – 04. Oktober: Inkrafttreten des neuen Zivilgesetzes.

1928 10. April: Verfassungsänderung – der Islam wird nicht mehr als Staatsreligion erwähnt. – 01. November: Einführung der lateinischen Schrift.

1930 12. August – 17. November: ›Freie Republikanische Partei‹. – 30. Oktober: ›Freundschafts-, Neutralitäts- und Schiedsspruchvertrag‹ mit Griechenland.

1934 09. Februar: Balkanpakt zwischen Griechenland, Jugoslawien, Rumänien und der Türkei.

1938 10. November: Tod Mustafa Kemal Atatürks.

1939 12. Mai: Anglo-türkische Deklaration von Ankara. – 23. Juli: Anschluß des Sandschaks Alexandrette (Hatay) an die Türkei. – 19. Oktober: Britisch-französisch-türkischer Beistandspakt.

1941 17. Februar: Türkisch-bulgarischer Nichtangriffspakt. – 18. Juni: Deutsch-türkischer Nichtangriffspakt. – 09. Oktober: Deutsch-türkisches Handelsabkommen.

1942 30./31. Januar: Treffen zwischen Churchill und İnönü in Adana. – 04.–07. Dezember: Treffen zwischen Roosevelt, Churchill und İnönü in Kairo.

1945 23. Februar: Kriegserklärung der Türkei an Deutschland.

1946 07. Januar: Gründung der ›Demokratischen Partei‹. – 21. Juli: Allgemeine Wahlen.

1947 12. März: Garantieerklärung der USA für die territoriale Unversehrtheit Griechenlands und der Türkei (Truman-Doktrin).

1950 14. Mai: Die ›Demokratische Partei‹ geht als Sieger aus den allgemeinen Wahlen hervor. – 22. Mai: Regierung Adnan Menderes.

1952 18. Februar: Beitritt der Türkei zur NATO.

1960 27. Mai: Militärintervention und Absetzung der Regierung Menderes. – 28. Mai: Regierung unter General Cemal Gürsel. – 16. August: Proklamation der Republik Zypern.

1961 09. Juli: Referendum über die neue Verfassung. – 15. Oktober: Allgemeine Wahlen. – 20. November: Erste Koalitionsregierung İsmet İnönü.

1962 März: Errichtung des Rates für Nationale Sicherheit. – 25. Juni: Zweite Koalitionsregierung İnönü.

1963 25. Dezember: Minderheitsregierung der CHP unter İnönü.

1965 27. Oktober: Regierung der ›Gerechtigkeitspartei‹ unter Süleyman Demirel.

1971 12. März: Militärs zwingen die Regierung Demirel zum Rücktritt. – 26. März: Kabinett Nihat Erim (parteilos).

1972 22. Mai: Kabinett Ferit Melen (parteilos).

1973 15. April: Kabinett Naim Talu (parteilos).

1974 25. Januar: Koalitionsregierung der ›Republikanischen Volkspartei‹ Bülent Ecevits und der ›Nationalen Heilspartei‹ Necmettin Erbakans. – 15. Juli: Umsturz der Regierung Makarios durch die griechisch-zypriotische Nationalgarde. – 20. Juli: Türkische Militärintervention auf Zypern. – 17. November: Kabinett Sadi Irmak (parteilos).

1975 21. März: Erste Koalition der ›Nationalistiachen Front‹ unter Demirel.

1977 21. Juli: Zweite Koalition der ›Nationalistischen Front‹ unter Demirel.

1978 05. Januar: Regierung Ecevit (Republikanische Volkspartei).

1979 12. November: Minderheitsregierung Demirel (Gerechtigkeitspartei).

1980 24. Januar: Paket radikaler Maßnahmen zur Sanierung der Wirtschaft. – 12. September: Militärputsch des Komitees der Nationalen Einheit. – 21. September: Regierung Bülent Ulusu (von Militärs eingesetzt).

1982 07. November: Volksentscheid über die neue Verfassung und Wahl Kenan Evrens zum Staatspräsidenten.

1983 15. November: Ausrufung einer ›Türkischen Republik Nord-Zypern‹. – 13. Dezember: Regierung Turgut Özal (ANAP).

1987 14. April: Antrag der Türkei auf Vollmitgliedschaft in der EG. – 06. September: Volksentscheid über die Zulassung der seit 1980 ›verbannten‹ Politiker und Gewerkschaftsführer (knapp angenommen). – 29. November: Sieg von Özals ANAP bei den Parlamentswahlen.

1989 August: Krise in den türkisch-bulgarischen Beziehungen, ausgelöst durch die zwangsweise ›Bulgarisierung‹ der Familiennamen der Türken Bulgariens. – 31. Oktober: Wahl Özals zum Staatspräsidenten. – 09. November: Regierung Yildirim Akbulut (ANAP).

1990 05. Februar: Ablehnung des türkischen Antrags auf Vollmitgliedschaft durch den EG-Ministerrat. – 06. August: Ausbruch der Golfkrise.

1991 12. April: Verabschiedung des ›Antiterrorgesetzes‹. – 20. Oktober: Vorgezogene Parlamentswahlen. – November: Koalitionsregierung Demirel-İnönü (DYP-SHP).

1992 25. Juni: Unterzeichnung des Endkommuniqués der ›Scharzmeer-Wirtschaftsregion‹ in Istanbul.

1993 17. April: Tod des Präsidenten Özal. – 16. Mai: Demirel wird neuer Staatspräsident. – 25. Juni: Koalitionsregierung Tansu Çiller-İnönü (DYP-SHP). – 02. Juli: Übergriffe islamischer Kräfte auf eine Gruppe von Laizisten um den Schriftsteller Aziz Nesin in Sivas (über 30 Tote).

1994 27. März: Gemeinde- und Bürgermeisterwahlen (Erfolge der Islamisten). – 05. April: Paket von Maßnahmen zur Sanierung der Wirtschaft. – 17. Juni: Verbot der prokurdischen ›Demokratiepartei‹ (DEP). – 18. Oktober: Treffen der Präsidenten der fünf turksprachigen Republiken Aserbaidschan, Kasachstan, Kyrgystan, Usbekistan und Turkmenistan unter der Schirmherrschaft des Staatspräsidenten Demirel in Istanbul.

1995 06. März: Unterzeichnung des Vertrags über die Zollunion mit der Türkei durch die EU-Außenminister. – 20. März: Beginn der türkischen Großoffensive gegen PKK-Rebellen im Nordirak.

Literaturauswahl

AHMAD, FEROZ: The Turkish Experiment in Democracy, 1950-1975, London 1977.

AHMAD, FEROZ: The Making of Modern Turkey, London 1992.

ANDREWS, PETER A., ed.: Ethnic Groups in the Republic of Turkey, Wiesbaden 1989.

BALKIR, C., and A.M. WILLIAMS, eds.: Turkey and Europe, London and New York 1993.

BLASCHKE, J. und M.v. BRUINESSEN (Hg.): Islam und Politik in der Türkei, Berlin 1985.

BORATAV, KORKUT: Die türkische Wirtschaft im 20. Jahrhundert, Frankfurt/M. 1987.

BRUINESSEN, MARTIN VAN: Agha, Scheich und Staat. Politik und Gesellschaft Kurdistans, Berlin 1989

DERINGIL, SELIM: Turkish Foreign Policy During the Second World War, Cambridge 1989.

DODD, C.: The Crisis of Turkish Democracy, 2. ed., Walkington 1990.

FREY, FREDERICK W.: The Turkish Political Elite, Cambridge MA 1965.

IMSET, I.G.: The PKK: A Report on Separatist Violence in Turkey (1973-1992), Ankara 1992.

GROTHUSEN, K.-D. (Hrsg.): Türkei, Göttingen 1985 (Südosteuropa-Handbuch, Bd. IV)

HALE, WILLIAM: Turkish Politics and the Military, London 1994.

HEPER, M. and A. EVIN, eds.: State, Democracy, and the Military. Turkey in the 1980s, Berlin-New York 1988.

HIRSCH, ERNST E.: Die Verfassung der Türkischen Republik, Frankfurt/M. 1966.

HÜTTEROTH, WOLF-DIETER: Türkei, Darmstadt 1982.

KARPAT, KEMAL H.: Turkey's Politics. The Transition to a Multi-Party System, Princeton 1959.

KARPAT, KEMAL, et al.: Turkey's Foreign Policy in Transition, 1950-1974, Leiden 1975.

KEYDER, ÇAGLAR: State and Class in Turkey. A Study in Capitalist Development, London-New York 1987.

KOÇAK, CEMIL: Türkiye'de Milli Şef Dönemi (1938-1945), Ankara 1986.

KRECKER, LOTHAR: Deutschland und die Türkei im Zweiten Weltkrieg, Frankfurt/M. 1964.

LANDAU, JACOB M.: Radical Politics in Modern Turkey, Leiden 1974.

LANDAU, JACOB M.: Pan-Turkism in Turkey. A Study of Irredentism, London 1981.

LEWIS, BERNARD: The Emergence of Modern Turkey, London 1961.

LIPOVSKY, IGOR P.: The Socialist Movement in Turkey 1960-1980, Leiden 1992.

MACFIE, A. L.: Atatürk, London-New York 1994.

OEHRING, OTMAR: Die Türkei im Spannungsfeld extremer Ideologien (1973-1980), Berlin 1984.

ÖZBUDUN, ERGUN: Social Change and Political Participation in Turkey, Princeton 1976.

PÖSCHL, RAINER: Vom Neutralismus zur Blockpolitik. Hintergründe der Wende in der türkischen Außenpolitik nach Kemal Atatürk, München 1985.

ROBINSON, RICHARD D.: The First Turkish Republic, Cambridge, Mass., 1963.

RUMPF, CHRISTIAN: Laizismus und Religionsfreiheit in der Türkei, Ebenhausen 1987.

TAPPER, RICHARD, ed.: Islam in Modern Turkey: Religion, Politics and Literature in a Secular State, London 1991.

TEKELI, İ./S. İLKIN: 1929 Dünya buhranında Türkiyen'in iktisadi politika arayışları, Ankara 1977.

TEZEL, YAHYA S.: Cumhuriyet döneminin iktisadi tarihi (1923-1950), Ankara 1982.

TOPRAK, BINNAZ: Islam and Political Development in Turkey, Leiden 1981.

TUNÇAY, METE: Türkiye Cumhuriyetin'de Tek-Parti yönetimi'nin kurulması (1923-1931), Ankara 1981.

WEBER, FRANK G.: The Evasive Neutral. Germany, Britain and the Quest for a Turkish Alliance in the Second World War, New York-London 1979.

WEIKER, WALTER F.: Political Tutelage and Democracy in Turkey. The Free Party and its Aftermath, Leiden 1973.

ZÜRCHER, ERIK J.: The Unionist Factor. The Role of the Committee of Union and Progress in the Turkish National Movement, 1905-1926, Leiden 1984.

ZÜRCHER, ERIK J.: Turkey. A Modern History, London-New York 1993.